Vorwort

Der Geschichtsunterricht der Sekundarstufe hat die Aufgabe, dem Schüler ein historisches Bewußtsein zu vermitteln, das ihn die Welt als geworden begreifen läßt. Es soll die Bereitschaft geweckt werden, Mitverantwortung für die Gestaltung dieser Welt zu tragen, damit in ihr ein Leben in Freiheit, sozialer Gerechtigkeit und gesichertem Frieden möglich ist.

Für den Lehrer, der dieses Ziel ansteuert und einen entsprechend engagierten Geschichtsunterricht erteilen will, stellen sich aus diesem Zusammenhang heraus u.a. vier zentrale Forderungen:

1. Auswahl an geeigneten Materialien
(z.B. in Form von Bildern, Karten und Quellentexten)
2. Gut strukturierte Arbeitsblätter
(das Wesentliche der Unterrichtseinheit wird zusammengefaßt)
3. Didaktisch und methodisch passende Aufbereitung der Unterrichtseinheiten
(Stundenbilder mit motivierendem Einstieg, klar und konsequent durchgeführter Erarbeitung und angemessener Wertungsphase)

Zu jedem Band mit Stundenbildern werden dem Lehrer weitere hilfreiche Materialien angeboten:
o **Mappe mit** *18 Folien*, **zum Teil farbig**
(eignen sich hervorragend als Gesprächsanlaß im Rahmen des Einstiegs, aber auch zur Teilzusammenfassung)
o **Band mit** *Lehrererzählungen*
(ergänzt durch anschauliches Bildmaterial)
o **Band mit** *Lernzielkontrollen*
(Unter dem Motto: "Wer knackt die Nuß?" wird der Geschichtsstoff durch Rätsel, Fragen, Karikaturen und andere spielerische Formen motivierend dargeboten)

Viel Spaß und Erfolg wünschen Ihnen die Autoren und der Verlag.

umweltfreundlich
auf chlorfreiem Papier

Copyright: pb-verlag • 82178 Puchheim • 1995

ISBN 3-89291-**462**-1

STUNDENBILDER für die SEKUNDARSTUFE

Erdkunde

Karl-Hans Seyler

Amerika

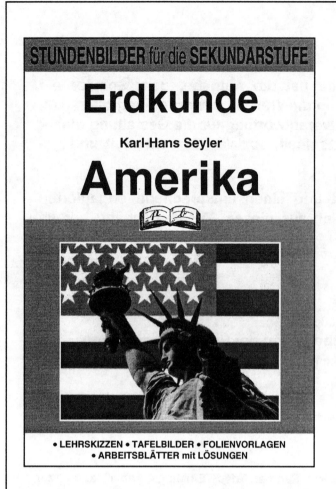

• LEHRSKIZZEN • TAFELBILDER • FOLIENVORLAGEN
• ARBEITSBLÄTTER mit LÖSUNGEN

Inhaltsverzeichnis

STUNDENBILDER für die SEKUNDARSTUFE

Erdkunde

Karl-Hans Seyler

Rußland / GUS

• LEHRSKIZZEN • TAFELBILDER • FOLIENVORLAGEN
• ARBEITSBLÄTTER mit LÖSUNGEN

Inhaltsverzeichnis

Inhaltsverzeichnis

THEMA

Die Entstehung des Ost-West-Gegensatzes

LERNZIELE

- Wissen, daß Europa nach dem Krieg in einen östlichen und westlichen Machtbereich zerfallen ist
- Wissen, daß die UdSSR ihren Einflußbereich durch die Einführung einer sozialistisch-kommunistischen Staats- und Gesellschaftsordnung sichert
- Wissen um die gewaltsame Unterdrückung späterer Aufstände durch die UdSSR
- Versuche der USA, das Vordringen des Kommunismus einzudämmen

ARBEITSMITTEL/MEDIEN/LITERATURHINWEISE

Arbeitsblätter (4) mit Lösungen
Folien (Informationstexte)
Bilder

TAFELBILD/FOLIEN

Freunde im Krieg

Feinde im Frieden

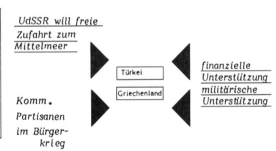

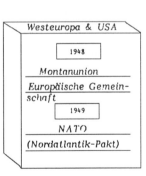

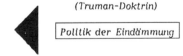

Unterrichtsstufe Zielangabe — TZ und (TZ) Zusf.	METHODE — Lehr / Lernakte	Medieneinsatz	LERNINHALTE (STOFF) — Tafelanschrift (bzw. Folie)	ZEIT
I. HINFÜHRUNG:	U-Gespräch	Bild	Verbündete Siegermächte Freunde im Krieg Gebietsaufteilungen Feinde im Frieden Du kannst aus aktueller Politik über dieses Problem berichten.....	
	U-Gespräch Impuls:	Landkarte		
Zielfrage:			Der OST-WEST-GEGENSATZ	
II. ERARBEITUNG: 1.Teilziel:	Impuls:		Vordringen des Kommunismus Wenn es zu Spannungen kommt, sind oft Machtinteressen im Spiel. Gerade die UdSSR zeigte nach 1945, daß jedes Vordringen in andere Staaten die Einflußnahme und das Ziel, den Weltkommunismus zu verwirklichen, verstärkte.	
	Erarbeitung der einzelnen Punkte anhand von	Schülerbuch/ Karten/ Folien/AB		
	Ergebnisse:		Sowjetisches Vordringen (Weltkommunismus) 1. Gebietsgewinne: Estland, Litauen, Lettland, Ostpreußen, Weißrußland, Ukraine, Bessarabien 2. Abhängige Staaten: Polen, Tschechoslowakei, Ungarn, Ostdeutschland, Bulgarien, Rumänien -> nationale komm.Parteien unter Moskaus Führung 3. Einflußnahme auf weitere Gebiete: Aber damit gab sich die UdSSR nicht zufrieden. Weitere lohnende Ziele winkten.	
	Impuls:	Textquelle/ Kartenarbeit	Türkei/Griechenland Wenn du die Lage der beiden Länder betrachtest, verstehst du das Interesse der UdSSR! Die UdSSR braucht Zufahrt zum Mittelmeer Amerikas Politik hält dagegen Uns interessiert jetzt die Reaktion der Amerikaner!	
2.Teilziel:	Impuls: AA	Quellenarbeit/ Buch	- Welche Politik betrieb Amerika? - Welche Aktionen führte Amerika durch? Politik der Eindämmung (Truman-Doktrin) Wirtschaftliche Hilfe (Marshall-Plan) Englische Truppen greifen in Griechenland ein. Der Zusammenschluß in Blöcken: Die militärische und wirtschaftliche Blockbildung festigt sich	
	Ergebnis:			
3.Teilziel:	L.-Erzählung:	Kartenarbeit/ AB/Buch	Zusammenschluß der Blöcke: 1949 NATO (Nordatlantikpakt) 1955 Warschauer Pakt 1949 COMECON (Rat für gegenseitige Wirtschaftshilfe)	
III. BESINNUNG:	Impuls:		Diese Politik der Blockbildung, die wir z.T. noch heute haben, führte zeitweise zu harten Auseinandersetzungen: "Kalter Krieg", "Eiserner Vorhang", "Atomare Abschreckung"	
	U-Gespräch:			
IV. VERTIEFUNG:			Korea (1950 - 1953), Kuba (1962), Berlin (1958), Vietnam (1954 - 1975) Berliner Mauer (1961)	

GESCHICHTE	Name	Klasse	Datum	Nr.

Der Ost-West-Gegensatz (1)

Nach dem Krieg zerfällt Europa in einen östlichen und einen westlichen Block:

Rußlands Gebietsgewinne	**Sowjetisierung**

_____

_____

_____

_____

_____

_____

Westeuropa + **USA**

Türkei

_____

Griechenland

_____

1949

_____

1955

_____

1948

_____

1949

_____

In den osteuropäischen Ländern sichert sich die UdSSR ihren Einfluß-bereich durch sozialistisch-kommu-nistische Staats- und Gesellschafts-systeme. Ihr Ziel:

Die USA suchen mit anderen West-mächten das Vordringen des Kommu-nismus einzudämmen. Ihr Ziel:

Spannungsfelder, die sich daraus ergaben:

_____

_____

GESCHICHTE	Name	Klasse	Datum	Nr.

Der Ost-West-Gegensatz (1)

Nach dem Krieg zerfällt Europa in einen östlichen und einen westlichen Block:

Rußlands Gebietsgewinne	**Sowjetisierung**
Litauen	*Polen, DDR*
Lettland	*Bulgarien*
Estland, Ostpolen	*Tschechoslowakei*
Weißrußland	*Rumänien*
Bessarabien	*Ungarn*
Ukraine	

UdSSR will freie Zufahrt zum Mittelmeer

Russische Partisanen im Bürgerkrieg

Westeuropa + **USA**

Türkei

Griechenland

finanzielle Unter-stützung

militärische Unter-stützung

OSTBLOCK

1949

Comecon

Rat für gegenseitige Wirtschafts-hilfe

1955

Warschauer Pakt

(militärischer Zusammenschluß)

WESTEUROPA & USA

1948

Montanunion

Europäische Gemeinschaft

1949

Nato

(Nordatlantik-Pakt)

In den osteuropäischen Ländern sichert sich die UdSSR ihren Einfluß-bereich durch sozialistisch-kommu-nistische Staats- und Gesellschafts-systeme. Ihr Ziel:

Weltkommunismus

Die USA suchen mit anderen West-mächten das Vordringen des Kommu-nismus einzudämmen. Ihr Ziel:

Politik der Eindämmung (Truman-Dok.)

Spannungsfelder, die sich daraus ergaben:

Korea (1950-1953), Kuba (1962), Berlin (1958), Vietnam (1954-1975), "Kalter Krieg",

"Eiserner Vorhang", Berliner Mauer, Wettrüsten

GESCHICHTE	Name		Klasse	Datum	Nr.

Der Ost-West-Gegensatz (2)

**OECD -
NATO - Länder:**

_____
_____
_____
_____
_____
_____

_____
_____

**COMECON
Warschauer-
Pakt-Staaten:**

_____
_____
_____
_____
_____
_____
_____

Trage mit verschiedenen Farben ein:
- die europäischen Staaten, die nach der Atlantik-Charta ein Selbstbestimmungsrecht besitzen,
- die Ostblockstaaten unter Moskaus Einflußbereich!
Zeichne den „Eisernen Vorhang" ein!

Welche späteren Aufstände
werden von der UdSSR ge-
waltsam unterdrückt?

**Zeichne oben in die Karte
Explosionsblitze für die
Aufstände in den Ost-
blockstaaten ein!**

17. Juni 53	_____	
1955	_____	Aufstände
1956	_____	Unruhen
		Streiks
1968	_____	

GESCHICHTE	Name	Klasse	Datum	Nr.

Der Ost-West-Gegensatz (2)

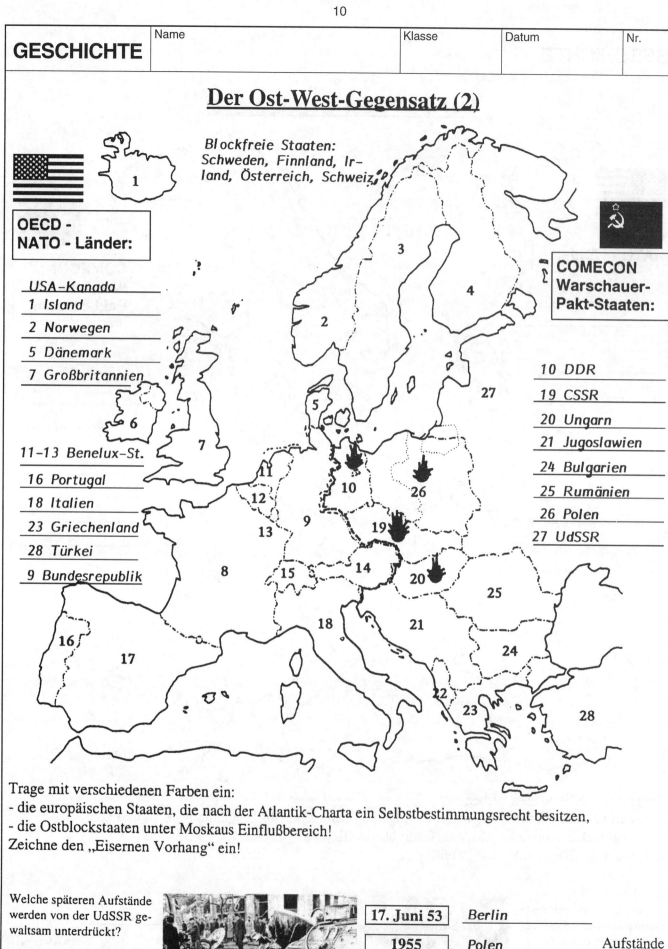

Blockfreie Staaten:
Schweden, Finnland, Ir-
land, Österreich, Schweiz.

**OECD -
NATO - Länder:**

USA–Kanada
1 Island
2 Norwegen
5 Dänemark
7 Großbritannien

11–13 Benelux-St.
16 Portugal
18 Italien
23 Griechenland
28 Türkei
9 Bundesrepublik

**COMECON
Warschauer-
Pakt-Staaten:**

10 DDR
19 CSSR
20 Ungarn
21 Jugoslawien
24 Bulgarien
25 Rumänien
26 Polen
27 UdSSR

Trage mit verschiedenen Farben ein:
- die europäischen Staaten, die nach der Atlantik-Charta ein Selbstbestimmungsrecht besitzen,
- die Ostblockstaaten unter Moskaus Einflußbereich!
Zeichne den „Eisernen Vorhang" ein!

Welche späteren Aufstände werden von der UdSSR gewaltsam unterdrückt?

Zeichne oben in die Karte Explosionsblitze für die Aufstände in den Ostblockstaaten ein!

17. Juni 53	Berlin	
1955	Polen	Aufstände
1956	Ungarn	Unruhen
1968	CSSR "Prager Frühling"	Streiks

GESCHICHTE	Name	Klasse	Datum	Nr.

Die Entstehung des Ost-West-Gegensatzes (1)

Auf der Konferenz von _____ hatten die Siegermächte (_____

_____) wenige Monate nach dem Ende des Krie-

ges erste Vereinbarungen darüber erreicht, wie Europa und das besiegte Deutschland verwaltet werden

sollten.

Allerdings zeigte sich schon bald, daß die Interessen und Ziele der ehemaligen Verbündeten zum Teil
recht gegensätzlich waren.

Die Sowjetunion wollte _____ ,

England und die USA wollten _____ .

In der Folgezeit kamen die drei Vertreter der westlichen Staaten mit der Sowjetunion zu keiner Einigung.

Die Sowjetunion sicherte hinter dem sogenannten _____ mit allen Mitteln

ihren Einfluß. In der sowjetischen Besatzungszone bauten die sowjetischen Militärbehörden eine

_____ auf, Banken und

Industrien wurden _____ .

Churchill 1946 in Jalta:

> „Von Stettin an der Ostsee bis nach Triest an der Adria hat sich ein eiserner Vorhang quer durch den Konti-
> nent gelegt ... Hinter dieser Linie liegen alle Hauptstädte Mittel- und Osteuropas ... Alle diese Städte und die
> umliegenden Gebiete sind ... der Kontrolle durch Moskau unterworfen. Das ist nicht das befreite Europa, für
> das wir gekämpft haben."

Was meinte Churchill mit „Eiserner Vorhang"?

_____

_____

Die Sowjetunion wollte ihren Machtbereich ausdehnen. Die USA versuchte mit einer **Politik der Eindämmung** dieser Ausbreitung besonders mit der sogenannten „Truman-Doktrin" (1947) entgegenzuwirken.

> „In einer Anzahl von Ländern sind den Völkern kürzlich gegen ihren Willen totalitäre Regime aufgezwungen
> worden ... Ich glaube, daß wir den freien Völkern helfen müssen, sich ihr eigenes Geschick nach ihrer eige-
> nen Art zu gestalten. Ich bin der Ansicht, daß unsere Hilfe in erster Linie in Form wirtschaftlicher und finan-
> zieller Unterstützung gegeben werden sollte, die für eine wirtschaftliche Stabilität und für geordnete politische
> Vorgänge wesentlich ist."

Eine weitere Maßnahme stellte der **Marshall-Plan** dar, ein wirtschaftliches Hilfsprogramm für Europa.

> „Es leuchtet ein, daß die USA alles in ihrer macht Stehende tun müssen, um die wirtschaftliche Gesundheit
> der Welt zu unterstützen, ohne die es keine politische Stabilität und keinen sicheren Frieden gibt ...

Welches Ziel verfolgte der amerikanische Präsident Truman und der amerikanische Außenminister
Marshall?

_____

_____

GESCHICHTE	Name	Klasse	Datum	Nr.

Die Entstehung des Ost-West-Gegensatzes (1)

Auf der Konferenz von _Potsdam_ hatten die Siegermächte (_USA, England, Frankreich, Sowjetunion_) wenige Monate nach dem Ende des Krieges erste Vereinbarungen darüber erreicht, wie Europa und das besiegte Deutschland verwaltet werden sollten.

Allerdings zeigte sich schon bald, daß die Interessen und Ziele der ehemaligen Verbündeten zum Teil recht gegensätzlich waren.

Die Sowjetunion wollte _ihren kommunistischen Machtbereich ausdehnen_ ,

England und die USA wollten _die Demokratie aufbauen helfen_ .

In der Folgezeit kamen die drei Vertreter der westlichen Staaten mit der Sowjetunion zu keiner Einigung. Die Sowjetunion sicherte hinter dem sogenannten _"Eisernen Vorhang"_ mit allen Mitteln ihren Einfluß. In der sowjetischen Besatzungszone bauten die sowjetischen Militärbehörden eine _kommunistische Gesellschaftsordnung_ auf, Banken und Industrien wurden _verstaatlicht_ .

Churchill 1946 in Jalta:

> „Von Stettin an der Ostsee bis nach Triest an der Adria hat sich ein eiserner Vorhang quer durch den Kontinent gelegt ... Hinter dieser Linie liegen alle Hauptstädte Mittel- und Osteuropas ... Alle diese Städte und die umliegenden Gebiete sind ... der Kontrolle durch Moskau unterworfen. Das ist nicht das befreite Europa, für das wir gekämpft haben."

Was meinte Churchill mit **„Eiserner Vorhang"**?

Trennungslinie, die von Moskau kontrollierten Länder vom übrigen Europa abriegelt.

Die Sowjetunion wollte ihren Machtbereich ausdehnen. Die USA versuchte mit einer **Politik der Eindämmung** dieser Ausbreitung besonders mit der sogenannten „Truman-Doktrin" (1947) entgegenzuwirken.

> „In einer Anzahl von Ländern sind den Völkern kürzlich gegen ihren Willen totalitäre Regime aufgezwungen worden ... Ich glaube, daß wir den freien Völkern helfen müssen, sich ihr eigenes Geschick nach ihrer eigenen Art zu gestalten. Ich bin der Ansicht, daß unsere Hilfe in erster Linie in Form wirtschaftlicher und finanzieller Unterstützung gegeben werden sollte, die für eine wirtschaftliche Stabilität und für geordnete politische Vorgänge wesentlich ist."

Eine weitere Maßnahme stellte der **Marshall-Plan** dar, ein wirtschaftliches Hilfsprogramm für Europa.

> „Es leuchtet ein, daß die USA alles in ihrer macht Stehende tun müssen, um die wirtschaftliche Gesundheit der Welt zu unterstützen, ohne die es keine politische Stabilität und keinen sicheren Frieden gibt ...

Welches Ziel verfolgte der amerikanische Präsident Truman und der amerikanische Außenminister Marshall?

Durch wirtschaftliche Unterstützung sollte politische Stabilität und damit Frieden angestrebt werden.

GESCHICHTE	Name	Klasse	Datum	Nr.

Die Entstehung des Ost-West-Gegensatzes (2)

Trotz Gleichschaltung der Parteien, trotz Verfolgung andersdenkender und der Unterdrückung der freien Meinungsäußerung bewahrten die Menschen in den Ländern hinter dem „Eisernen Vorhang" den Wunsch nach Freiheit. Drei Beispiele sollen dies verdeutlichen:

Polen 1956: _____

_____

_____

_____

Ungarn 1956: _____

_____

_____

_____

Tschechoslowakei 1968: _____

_____

_____

_____

Die Westmächte versuchten, die Ausbreitung des Kommunismus in Europa zu verhindern. Der amerikanische Präsident Truman gab im März 1947 die Grundsätze dieser Politik bekannt (_____

_____). Die wirtschaftlichen Hilfsmaßnahmen des sogenannten _____ sollten

dabei die Länder Europas stärken.

Die Sowjetunion schuf 1949 im sogenannten _____ (Rat für gegenseitige

Wirtschaftshilfe) eine Wirtschaftsgemeinschaft der kommunistischen Länder. Diese beiden Wirtschaftsblöcke von Ost und West wurden durch die Militärbündnisse der _____ und des

_____ zu gegensätzlichen Machtblöcken ausgebaut.

Bernauer Straße

GESCHICHTE	Name	Klasse	Datum	Nr.

Die Entstehung des Ost-West-Gegensatzes (2)

Trotz Gleichschaltung der Parteien, trotz Verfolgung andersdenkender und der Unterdrückung der freien Meinungsäußerung bewahrten die Menschen in den Ländern hinter dem „Eisernen Vorhang" den Wunsch nach Freiheit. Drei Beispiele sollen dies verdeutlichen:

Polen 1956: *Stahlarbeiter der Stadt Posen protestieren im Juni 1956 gegen die vorgeschriebenen Arbeitsnormen und hohen Lebenshaltungskosten. Die Demonstrationen führten zu einem Aufstand gegen die kommunistische Regierung, der niedergeschlagen wurde.*

Ungarn 1956: *In Ungarn forderten im Oktober 1956 Studenten den Abzug der sowjetischen Armee, die Auflösung der Geheimpolizei, freie Wahlen und die Pressefreiheit. Sowjetische Panzerverbände schlugen den Aufstand blutig nieder.*

Tschechoslowakei 1968: *In der CSSR machten Politiker wie A. Dubcek den Versuch, Kommunismus und freie Lebensformen zu verbinden ("Prager Frühling"). Aber der gewaltsame Einmarsch der UdSSR, der DDR, Polens und Bulgariens beendeten den Versuch.*

Die Westmächte versuchten, die Ausbreitung des Kommunismus in Europa zu verhindern. Der amerikanische Präsident Truman gab im März 1947 die Grundsätze dieser Politik bekannt (*Truman-Doktrin*). Die wirtschaftlichen Hilfsmaßnahmen des sogenannten *Marshall-Plans* sollten dabei die Länder Europas stärken.

Die Sowjetunion schuf 1949 im sogenannten *Comecon* (Rat für gegenseitige Wirtschaftshilfe) eine Wirtschaftsgemeinschaft der kommunistischen Länder. Diese beiden Wirtschaftsblöcke von Ost und West wurden durch die Militärbündnisse der *Nato* und des *Warschauer Paktes* zu gegensätzlichen Machtblöcken ausgebaut.

THEMA
Berliner Blockade 1948

LERNZIELE

- Wissen um die Vorgeschichte der Blockade
- Verstehen der Absicht der Sowjets und die Haltung der Westmächte
- Überblick über den Verlauf der Luftbrückenaktion
- Würdigung des Opfergeistes der Berliner Bevölkerung, des Einsatzes der Amerikaner und Engländer und des Todes der 74 Soldaten

ARBEITSMITTEL/MEDIEN/LITERATURHINWEISE

Arbeitsblatt (1) mit Lösung
Folien (Informationstexte)
Bilder

Karten S. 15 und S. 17 aus:
H. Ebeling: Die Reise in die Vergangenheit IV
© G. Westermann Verlag, Braunschweig 1969

TAFELBILD/FOLIEN
Woran soll das Luftbrückendenkmal erinnern?

Berlin muß gehalten werden
S i g n a l w i r k u n g

1948: Währungsreform

↓

DM

↓

Ostmark f. Ostzone
und ganz Berlin

Widerstand

der Westmächte

↓

Russen sperren
Land- und Flußwege
nach Berlin

Absichten

- Berlin aushungern
- Westmächte zum Abzug zwingen
- ganz Berlin einnehmen

Luftbrücke
Juni 1948 - Mai 1949

- 2,2 Mio Menschen
  11 Monate aus der
  Luft versorgt

  ↓

  Lebensmittel, Kohle,
  Industriegüter, Kraft-
  werk

- Schwere Opfer der
  Berliner Bevölkerung

- 74 Soldaten kamen
  ums Leben

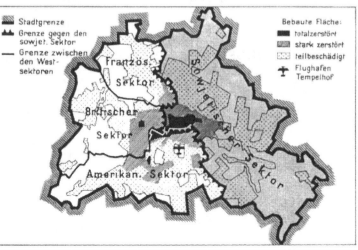

Stadtgrenze
Grenze gegen den sowjet. Sektor
Grenze zwischen den West-sektoren

Bebaute Fläche:
totalzerstört
stark zerstört
teilbeschädigt
Flughafen Tempelhof

Franzos. Sektor
Sowjetischer Sektor
Britischer Sektor
Amerikan. Sektor

METHODE	LERNINHALTE (STOFF)	ZEIT
Unterrichtsstufe (Teil) Zielangabe und (Teil) Zusammenfassung Lehr / Lernakte Medieneinsatz	Tafelanschrift (bzw. Folie)	

METHODE			LERNINHALTE (STOFF)	ZEIT
I. MOTIVATION		Bild	Luftbrückendenkmal Berlin "Hungerkralle"	
	KG		Aussprache Einbringen evtl. vorhandenen Vorwissens	
II. PROBLEMSTELLUNG		TA	Woran soll das Luftbrückendenkmal erinnern?	
III. VERGEGENWÄRTIGUNG			3.1 <u>Was führte zur Blockade</u>?	
		Text 1	Vorgabe eines Sachtextes (s. Anlage) Bearbeiten des Textes in Einzelarbeit	
			1. Was löste die Blockade aus? 2. Wie führten die Russen die Blockade durch? 3. Welche Absichten verfolgten die Russen 4. Was befürchtete General CLAY, wenn Berlin nicht gehalten würde?	
		Karte		
	KG	TA	Auswertung der Textarbeit Festhalten wesentlicher Punkte	
	L.-erzählung		3.2 <u>Unternehmen Luftbrücke</u>	
		Text 2		
	Teilwiederhg.	Bild	74 Soldaten kamen im Rahmen der Luftbrücke ums Leben. Daran erinnert das Luftbrückendenkmal!	
		TA	Wesentliche Aspekte festhalten	
IV. BESINNUNG			- Warum gab der Westen in Berlin nicht nach? (Rückgriff auf Haltung CLAYS) - Die Sowjets erreichten mit der Blockade eigentlich das Gegenteil! (Neues Verhältnis der Berliner zu Deutschland und zu den Westmächten) - Berliner Kinder nannten die Flugzeuge "Rosinenbomber" - 74 Soldaten opferten ihr Leben für Berlin	
V. GESAMTWIEDERHOLUNG			Verbalisieren des TB	

GESCHICHTE	Name	Klasse	Datum	Nr.

Die Berliner Blockade 1948

1. „Berlin war eine Insel!"
Erkläre diesen Satz!

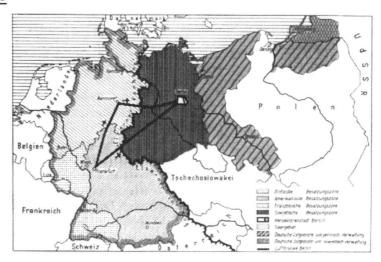

_____

_____

_____

_____

_____

2. Was löste die Blockade aus?

_____

3. Welches Ziel verfolgten die Sowjets mit der Blockade?

_____

4. Warum gaben die Westmächte nicht nach?

_____

5.

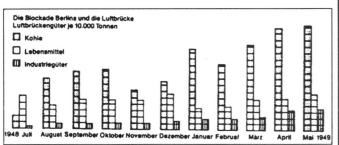

Die Blockade Berlins und die Luftbrücke
Luftbrückengüter je 10.000 Tonnen
☐ Kohle
☐ Lebensmittel
▥ Industriegüter

1948 Juli August September Oktober November Dezember Januar Februar März April Mai 1949

a) Welche Güter wurden vor allem eingeflogen?

_____

_____

b) Berechne die Zahl der Flüge nach Berlin im April 1949, wenn 1 Flugzeug rd. 8 t Güter beförderte!

_____

_____

6. Das Luftbrückendenkmal soll Erinnerung und Mahnung sein!

_____

_____

_____

Das Luftbrückendenkmal vor dem Westberliner Flughafen Tempelhof zum Andenken an 72 abgestürzte amerikanische und englische Flieger. Sie und ihre Kameraden versorgten mit fast 278 000 Flügen elf Monate lang die Westberliner mit allem Lebensnotwendigen

LUFTBRÜCKE 1948–1949
60
DEUTSCHE BUNDESPOST BERLIN

GESCHICHTE	Name		Klasse	Datum	Nr.

Die Berliner Blockade 1948

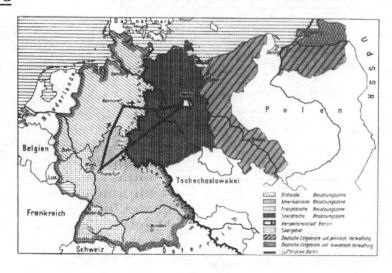

1. „Berlin war eine Insel!"
Erkläre diesen Satz!

Berlin lag wie eine Insel im

kommunistischen Machtbe-

reich, innerhalb des Staats-

gebietes der ehemaligen

DDR.

2. Was löste die Blockade aus?

Durchführung der Währungsreform in den Westzonen im Jahr 1948

3. Welches Ziel verfolgten die Sowjets mit der Blockade?

Ziel war es, Berlin auszuhungern, um dann ganz Berlin einzunehmen.

4. Warum gaben die Westmächte nicht nach?

Clay:"Wenn Belin fällt, folgt Westdeutschland als nächstes!"

5.

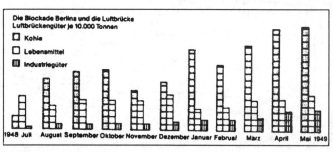

a) Welche Güter wurden vor allem eingeflogen?

Kohle und Lebensmittel, aber auch

Industriegüter

b) Berechne die Zahl der Flüge nach Berlin im
April 1949, wenn 1 Flugzeug rd. 8 t Güter
beförderte!

Ca. 240.000 Tonnen Güter erforderten

rund 30.000 Flüge.

6. Das Luftbrückendenkmal soll Erinnerung
und Mahnung sein!

Schwere Opfer der Berliner Bevöl-

kerung; 74 mnschen kamen bei die-

ser Hilfsaktion ums Leben.

*Das Luftbrückendenkmal
vor dem Westberliner
Flughafen Tempelhof
zum Andenken an 72 ab-
gestürzte amerikanische
und englische Flieger. Sie
und ihre Kameraden ver-
sorgten mit fast 278 000
Flügen elf Monate lang
die Westberliner mit al-
lem Lebensnotwendigen*

Ende der Blockade

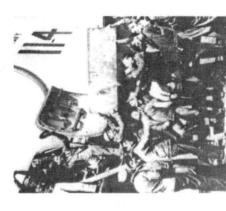

Die ersten Busse verkehren wieder zwischen Berlin und Hannover.

Die »Luftbrücke« hat ihre Pflicht getan. Die Blockade ist aufgehoben.

12. Mai. Die Verhandlungen der UN-Delegierten Philipp Jessup (USA) und Jakob Malik (UdSSR) haben das Ende der Berliner Blokkade und die Einberufung einer neuen Außenministerkonferenz der Großen Vier zum Ergebnis. Die UdSSR verzichtet sowohl auf die Einführung einer Gesamtberliner Währung als auch auf ihren Widerspruch gegen die Einsetzung einer westdeutschen Regierung.

Die Kosten für die Luftbrücke, die West-Berlin in der Blockade-Zeit versorgt hat und die weiterhin voraussichtshalber aufrechterhalten wird, betragen inzwischen 200 Millionen Dollar; bei Flugzeugunfällen sind 55 Amerikaner, Briten und Deutsche ums Leben gekommen. Die westalliierten Kommandanten erteilen den Westberlinern größere Verwaltungsvollmachten, behalten sich selbst jedoch die Kontrolle der Sicherheit, der Außenbeziehungen und der Verfassungsfragen vor.

Zu Tausenden umringen die Berliner am Morgen des 12. Mai die Interzonenbusse, die vom Busbahnhof Berlin-Charlottenburg die Fahrt über die Interzonenstraße nach Hannover beginnen. Nach der monatelangen Blockade Berlins, nach großen Entbehrungen und Sorgen feiern die Berliner die Aufhebung der Absperrung wie einen Festtag. Die Sowjets haben ihr Ziel nicht erreicht, Berlin durch eine Blockade in die Knie zu zwingen.

Text 1:

Was führte zur Blockade?

1948 wird in den Westzonen die Währungsreform durchgeführt. Darauf antworteten die kommunistischen Machthaber in der Sowjetzone (heutige DDR) mit der Herausgabe der "Ostmark". Sie erklären die Ostmark zum alleinigen Zahlungsmittel für die Ostzone und für ganz Berlin. Sie stellen sich auf den Standpunkt, ganz Berlin sei Bestandteil der Sowjetzone und müsse darum die Ostmark als Währung einführen. Die Westmächte erklärten ihrerseits, daß in ihren Sektoren in Berlin nur die Deutsche Mark gelte.

Nun sperrten die Sowjets alle Land- und Wasserstraßen nach Berlin, obwohl dies einen klaren Verstoß gegen den vertraglich festgelegten freien Berlinverkehr bedeutete. Die Blockade sollte die Versorgung der Berliner Bevölkerung von Westdeutschland aus unmöglich machen. Man wollte Berlin aushungern, um es ganz in kommunistische Gewalt zu bekommen.

General CLAY, der damalige US-Militärgouverneur in Deutschland, telegraphierte nach Washington:

"Die Tschechoslowakei haben wir verloren. Norwegen schwebt in Gefahr.
Wir geben Berlin auf. Wenn Berlin fällt, folgt Westdeutschland als nächstes.
Wenn wir beabsichtigen, Europa gegen den Kommunismus zu halten, dürfen wir uns nicht von der Stelle rühren. Wir können Demütigungen und Druck, die nicht zum Kriege führen, in Berlin einstecken, ohne das Gesicht zu verlieren. Wenn wir fortgehen, gefährden wir unsere europäische Position."

(Nach: Geschichtliche Weltkunde 3. DIESTERWEG)

Text 2:

Unternehmen Luftbrücke

Westmächte antworten mit Einrichtung einer Luftbrücke im Juni 1948 – 11 Monate versorgen Amerikaner und Engländer 2,2 Mio Berliner aus der Luft – Nach genauem Plan landet alle 3 Minuten ein Flugzeug auf einem der beiden Westberliner Flugplätze – an einem Tag 927 Flugzeuge mit 6 400 t Gütern – Gesamtflugstrecke entspricht 200 Flügen zum Mond, 2 Mio t Güter in die Stadt, entspricht 14 000 Güterwagen – Kohle, Industriegüter, Lebensmittel, ein komplettes, in seine Einzelteile zerlegtes Kraftwerk; "Rosinenbomber" – Harte Entbehrungen der Westberliner Bevölkerung: Lebensmittelknappheit (Trockenkartoffeln), Schwierigkeiten mit der Stromversorgung (z. T. 22 Stunden am Tag ohne Strom), Angst und Ungewißheit – Bevölkerung hält tapfer durch, Westmächte bleiben hart – Russen haben im Mai 1940 die Blockade auf.

Kleines Lexikon zur **Berliner Blockade**

Berliner Alliierte Kommandantur, aufgrund des Berliner Viermächtestatuts am 7. 7. 45 gebildetes Organ zur Ausübung der obersten Gewalt in Groß-Berlin, dem † Alliierten Kontrollrat unterstellt, aus den Stadtkommandanten Frankreichs, Großbritanniens, der UdSSR und der USA bestehend, von denen jeweils einer turnusmäßig als Vorsitzender fungierte. Aufgabe: Koordinierung der Berlin-Politik der vier Mächte und Überwachung der dt. Behörden Berlins. Die verschiedenen Ziele der westl. und sowjet. Besatzungsmächte und der Gebrauch des Vetorechts durch den sowjet. Stadtkommandanten in der B.A.K. ließen diese kaum wirksam tätig werden. Während der † Berliner Blockade verließ der sowjet. Vertreter die B.A.K. (16. 6. 48), was ihre faktische Auflösung bedeutete; deshalb Bildung einer besonderen Westberliner Kommandantur (21. 12. 48), neben der bis 1962 die sowjet. Stadtkommandantur in Ostberlin bestand († Berlin-Frage).

Berliner Blockade, 24. 6. 48–12. 5. 49, Versuch der UdSSR, durch Unterbindung der von ihr kontrollierten Land- und Wasserverkehrswege von Westdeutschland nach Westberlin dessen Bevölkerung auszuhungern und dadurch die Westmächte zu zwingen, ihren Ende 1947 gefaßten Beschluß zur weiteren wirtschaftlichen und politischen Vereinigung der westdeutschen Besatzungszonen aufzugeben und Westberlin in den sowjet. Machtbereich einzufügen. Unter dem Vorwand des Protests gegen die † Währungsreform in den Westzonen (18. 6. 48) und ihre Ausdehnung auf die Berliner Westsektoren (23. 6. 48) völlige Stillegung des Personen-, Güter- und Postverkehrs zwischen Westberlin und Westdeutschland. Nachdem mit Hilfe der Berliner Luftbrücke die Versorgung Westberlins sichergestellt wurde, Aufgabe der B.B.

Berliner Luftbrücke, Versorgung der Bevölkerung (2,5 Mill.) und der brit., franzÖs. und amerikan. Besatzungstruppen Westberlins auf dem Luftweg durch Großbritannien und die USA während der Berliner Blockade (26. 6. 48–12. 5. 49). Insgesamt flogen 230 amerikan. und 150 brit. Flugzeuge auf 132 738 bzw. 62 260 Flügen 1,44 Mill. Tonnen Lebensmittel, Kohle und andere Rohstoffe nach Westberlin ein; 88 Flieger fanden dabei den Tod.

Von Hitler zu Adenauer, S. 88
© John Jahr Verlag, Hamburg 1976

Jubelnd begrüßt werden die amerikanischen Flugzeuge – Rosinenbomber heißen sie im Volksmund –, die noch vor wenigen Jahren Berlin in den Trümmerhaufen verwandelten, von dem ihnen Jugendliche jetzt zuwinken.

Berlin-Frage, seit Ende des 2. Weltkriegs ein Hauptstreitpunkt der Weltpolitik. Auf der Rechtsgrundlage des Berliner Viermächtestatuts vom 5. 6. 45 wurde Groß-Berlin Mai–Juli 45 von den Truppen Frankreichs, Großbritanniens, der UdSSR und den USA besetzt und in 4 Sektoren geteilt. Erlaß einer vorläufigen Berliner Verfassung durch die Kommandantur am 13. 8. 46; am 20. 10. 46 Wahlen zur Stadtverordnetenversammlung. Beschränkung der Handlungsfähigkeit der Kommandantur durch sowjet. Vetos, so gegen den Dienstantritt des am 24. 6. 47 gewählten Oberbürgermeisters E. Reuter, an dessen Stelle dann Luise Schröder trat. Erster offener Konflikt zwischen den westl. Besatzungsmächten und der UdSSR: die Berliner Blockade (Juni 48–Mai 49); am 16. 6. 48 Auszug des sowjet. Stadtkommandanten aus der Kommandantur, damit faktisch Ende einer Gesamtberliner obersten Gewalt. Wirtschaftliche Trennung Ost- und Westberlins durch die Einführung zweier getrennter Währungen (23./24. 6. 48). Endgültige Spaltung Berlins durch die Sprengung der im sowjet. Sektor tagenden Stadtverordnetenversammlung durch von der SED mobilisierte Demonstranten (6. 9. 48), darauf Bildung zweier getrennter Verwaltungen und Volksvertretungen in † Ostberlin (30. 11. 48) und † Westberlin (5. 12. 48).

Berliner Viermächtestatut, Statut zur gemeinsamen Verwaltung GroßBerlins durch Großbritannien, Frankreich, die USA und die UdSSR, enthalten in der 2. und 3. der † Junideklarationen vom 5. 6. 45. Inhalt: Besetzung Großberlins durch die Truppen der vier Mächte, seine Aufteilung in einen amerikan., brit., franzÖs. und sowjet. Sektor, seine gemeinsame Verwaltung durch die Berliner Alliierten Kommandantur. Durch die verschiedenen Ziele der Berlin-Politik der Alliierten immer mehr Aushöhlung durch die Berliner Blockade (1948/49) faktisch Außerkraftsetzung des B.V.

Nach einem Jahr sowjetischer Blockade treffen am 12. Mai 1949 die ersten LKWs der Westalliierten mit Südfrüchten in Berlin ein

THEMA
Die Gründung der NATO

LERNZIELE

- Wissen um die wesentlichen Gründe, die zur Gründung der NATO führten
- Wissen um die Mitgliedstaaten der NATO, die wesentlichen Ziele des Paktes und das mögliche Eintreten des Bündnisfalles
- Erfassung und kritische Bewertung der Gesamtbedeutung des Paktes
- Erfassung der Bedeutung der NATO für die Sicherheit der Bundesrepublik

ARBEITSMITTEL/MEDIEN/LITERATURHINWEISE

Arbeitsblatt (1) mit Lösung
Folien (Informationstexte)
Bilder

Karte unten aus:
J. Weber: Geschichte entdecken 9
© C. C. Buchners Verlag, Bamberg 1988

TAFELBILD/FOLIEN

Warum gibt es die Nato?

Polen
Rumänien
Ungarn
Jugoslawien
Bulgarien
DDR
Blockade Berlin

Nach 1945:
Expansionspolitik der Kommunisten

4.4. 1949:
Gründung der NATO

Nordatlantik-Pakt - Organisation

Eintreten d. Bündnisfalles

Bewaffneter Angriff gegen Mitglied in Europa oder Nordamerika

Ziele

Freiheit, Gemeins. Erbe Zivilisation Demokratie Freiheit Frieden und Sicherheit **gewährleisten**

Mitglieder

USA
Kanada
Großbrit.
(Frankreich)
Benelux
Norwegen
Dänemark
Island
Portugal
1955 BRD
Türkei
Griechenland

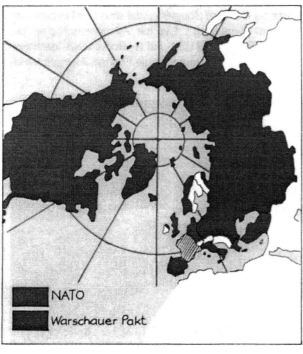

NATO
Warschauer Pakt

Unterrichtsstufe Zielangabe TZ und (TZ) Zusf.	METHODE Lehr / Lernakte	Medieneinsatz	LERNINHALTE (STOFF) Tafelanschrift (bzw. Folie)	ZEIT
I. MOTIVATION	Zeitungsmeldung		Zeitungsbericht mit aktueller Meldung über NATO-Angelegenheit, z.B. über die Rolle der NATO im Rahmen der Demokratisierung in Osteuropa.	
	KG/Aussprache		--- amerikanische, kanadische, belgische, englische Soldaten in der Bundesrepublik.	
II. PROBLEMSTELLUNG		TA	Was tun die fremden Soldaten in der Bundesrepublik? Warum gibt es eine NATO? o. ä.	
	KG		Vermutungen, Einbringen des Vorwissens.	
III. ERARBEITUNG				
1. T e i l z i e l			Gründe für die Gründung der NATO	
	L.-Erzählung		L: Nach dem Krieg treten die Gegensätze zwischen Ost und West wieder deutlich hervor - Kommunisten versuchten in Osteuropa an die Macht zu kommen - Kommunistische Regierungen in Polen, Rumänien, Ungarn, Jugoslawien, Bulgarien, DDR - Druck auf Berlin durch die Blockade. Russische Machtausweitung alarmiert den Westen - am 4.4.1949 wird in Washington der Nordatlantikpakt (NATO) gegründet von:	
		Karte		
		Karte (Anbringen v. kleinen NATO-Symbolen bei d.einz.Länd.	USA　　　　　Kanada　　　　Großbritannien Frankreich　　Italien　　　　Niederlande Belgien　　　　Luxemburg　　Norwegen Dänemark　　　Island　　　　Portugal	
			Später (1955) traten bei: Bundesrepublik - Türkei - Griechenland 1966 entzog Frankreich seine Truppen dem Oberkommando der NATO.	
Teilwiederholung:			Die Abkürzung NATO bedeutet "Nordatlantik-Pakt-Organisation". Du weißt nun, wie dieser Pakt gegründet wurde.	
2. T e i l z i e l		TA	Ziele der NATO	
			Quellentext (s. Anlage)	
	PA		1. Ziele des Paktes 2. Die NATO versteht sich als Verteidigungspakt. Begründe! 3. Wann tritt der Bündnisfall ein? 4. Die Partner arbeiten aber nicht nur im Kriegsfall zusammen. Welche Folgen hat das?	
	KG		Auswerten der Arbeit am Text	
Teilwiederholung		TA	Die Bundesrepublik ist Mitglied der NATO. Welche Bedeutung hätte das im Falle eines Angriffs?	
IV. AUSWEITUNG			- Die enge Zusammenarbeit, auch in Friedenszeiten, hatte Folgen für die NATO-Staaten! (Führungsrolle der USA, wirtschaftliche, kulturelle und politische Bindung aneinander, Rücksichtnahme aufeinander).	
			- Hat die NATO ihre Ziele bisher verwirklichen können?	
			- Ist es für die Bundesrepublik von Bedeutung, Mitglied der NATO zu sein?	

Tagung der Nuklearen Planungsgruppe

Die NATO will nicht mehr von „Bedrohung" reden

Verteidigungsminister der Allianz beraten über die künftige Sicherheitskonzeption

GESCHICHTE	Name		Klasse	Datum	Nr.

Die Gründung der NATO

- Kennzeichne alle NATO-Länder mit derselben Farbe!

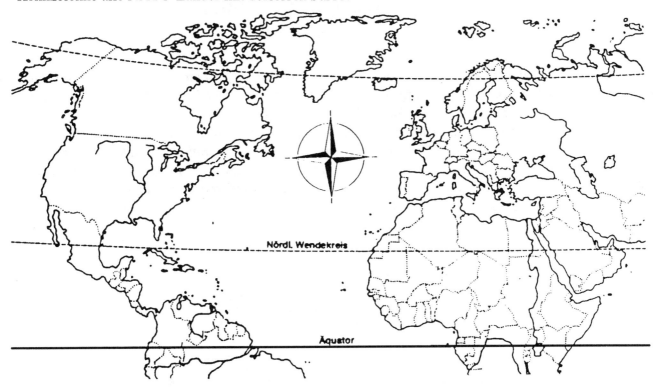

„Wir gehören zum Westen. Das Bündnis für Freiheit und Frieden ist fester Bestandteil deutscher Politik. Hier verbinden sich unsere Grundwerte, unsere Lebensform und unsere Sicherheit. Der Frieden braucht die Freundschaft mit dem Westen und die Verständigung mit dem Osten."

Helmut Kohl

Ziele der NATO

_____

_____

_____

_____

„Die NATO hat der Welt mehr Sicherheit gegeben."
Willy Brandt

„In der Atlantischen Allianz haben sich die Demokratien Westeuropas und Nordamerikas zusammengeschlossen, um den Frieden zu sichern und die Freiheiten zu schützen, zu denen sie sich gemeinsam bekennen."

Helmut Schmidt

_____

Gründung der NATO

_____

_____

Eintreten des Bündnisfalles

_____

_____

_____

_____

_____

_____

_____

„Das Bündnis ist zuerst die Gemeinsamkeit der Werte, der gemeinsamen Ideale von Freiheit und Demokratie, von Wert und Würde des Menschen."

Hans-Dietrich Genscher

Mitglieder der NATO

Zu 3.2:

„Sie (die Partner des Vertrages) sind entschlossen, die Freiheit, das gemeinsame Erbe und die Zivilisation ihrer Völker, die auf den Grundsätzen der Demokratie, der Freiheit der Person und der Herrschaft des Rechts beruh, zu gewährleisten... Sie sind entschlossen, ihre Bemühungen für die gemeinsame Verteidigung und für die Erhaltung des Friedens und der Sicherheit zu vereinigen ..."

Artikel 5:

„Die Vertragspartner vereinbaren, daß ein bewaffneter Angriff gegen einen oder mehrere von ihnen in Europa oder Nordamerika als ein Angriff gegen sie alle angesehen werden wird, sie vereinbaren daher, daß im Falle eines solchen bewaffneten Angriffs jeder von ihnen in Ausübung des in Artikel 51 der Satzung der Vereinten Nationen anerkannten Rechts der individuellen oder kollektiven Selbstverteidigung dem Vertragsstaat oder den Vertragsstaaten, die angegriffen werden, Beistand leistet, indem jeder von ihnen unverzüglich für sich und im Zusammenwirken mit den anderen Vertragsstaaten die Maßnahmen, einschließlich der Anwendung von Waffengewalt, trifft, die er für erforderlich erachtet, um die Sicherheit des nordatlantischen Gebiets wieder herzustellen und zu erhalten."

Wie arbeitet die NATO?

Der Nordatlantik-Rat ist das führende Organ der NATO. In ihm sind alle Mitgliedsregierungen vertreten. Der Rat tagt regelmäßig im Hauptquartier der NATO in Paris. Er entscheidet alle Angelegenheiten der NATO durch einstimmige Beschlüsse. Alle zivilen und militärischen Organe sind ihm verantwortlich.

Das Internationale Sekretariat unter Leitung des Generalsekretärs ist sozusagen die Geschäftsführung der NATO.

Der Militärausschuß, der sich aus den Oberkommandierenden der Mitgliedsstaaten zusammensetzt, tritt ein- oder zweimal jährlich zusammen. Er gibt dem Rat Empfehlungen zur Verteidigung des NATO-Bereichs und erteilt allen militärischen Instanzen der NATO Weisungen.

Der Ausschuß der Militärischen Vertreter der Oberkommandierenden tritt regelmäßig in Washington zusammen, um eine ständige Übereinstimmung der nationalen Militärpolitik der Mitgliedsstaaten zu garantieren. Er berät laufend.

Die Ständige Gruppe, der die Vertreter der Oberkommandierenden Frankreichs, Großbritanniens und der USA angehören. Sie koordiniert von Washington aus die Verteidigungspläne der NATO-Befehlshaber, die ihr unmittelbar verantwortlich sind.

Das Gebiet der NATO, das sich vom Nordpol bis nach Nordafrika erstreckt, ist in vier Kommandobereiche eingeteilt:

1. Europa, mit dem Oberkommando der verbündeten Streitkräfte (Shape) in Paris,
2. Atlantik, mit dem Hauptquartier Norfolk/Virgina,
3. Ärmelkanal, mit Hauptquartieren in Portsmouth (Flotte) und London (Luftwaffe),
4. Nordamerika und Kanada, mit Hauptquartieren in Washington und Ottawa.

Dem NATO-Oberbefehlshaber in Europa (SACEUR), sind vier regionale Oberbefehlshaber unterstellt:

   a) Nordeuropa in Oslo
   b) Mitteleuropa in Fontainebleau (wo auch Generalleutnant Speidel, der Kommandeur der Landstreitkräfte Mitteleuropa, seinen Dienstsitz hat)
   c) Südeuropa in Neapel
   d) Mittelmeer in Malta.

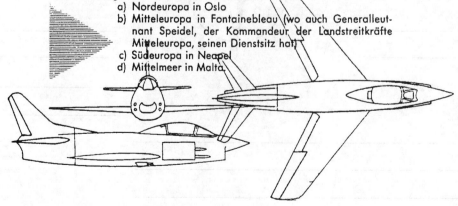

THEMA

Der Wiederbeginn des politischen Lebens in der BRD

LERNZIELE

- Wissen um die Parteigründungen, deren erste Programme und ihre Hauptvertreter
- Wissen um die ersten Wahlen nach dem Zweiten Weltkrieg mit ihren Ergebnissen
- Erklärung des Wegs der Westzonen zu einem eigenen Staat
- Wertung und Beurteilung der Leistungen der "Männer der ersten Stunde"

ARBEITSMITTEL/MEDIEN/LITERATURHINWEISE

Arbeitsblatt (1) mit Lösung
Folien (Informationstexte)
Bilder

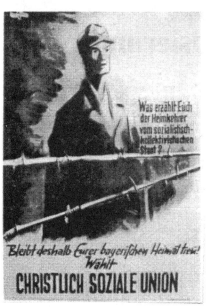

Plakate 1946 bis 1948

Unterrichtsstufe Zielangabe	METHODE		LERNINHALTE (STOFF)	ZEIT
TZ und (TZ) Zusf.	Lehr / Lernakte	Medieneinsatz	Tafelanschrift (bzw. Folie)	

I. HINFÜHRUNG:	U-Gespräch	Folie	Parteien in der Bundesrepublik (Kopiervorlage) oder Parteiprogramme der Parteien (Belegexemplare)	
Zielfrage:			Wie begann das politische Leben nach 1945?	
II. BEGEGNUNG:				
1. Teilziel:			Entstehung der Parteien	
		Quellen: Aufrufe und Programme 1945		
	AA		1. Welche Parteien melden sich zu Wort? 2. Welche Ziele sprechen sie an? 3. Die "Männer der 1. Stunde"?	
	Ergebnisse:		SPD (= sozialdemokratische Partei Deutschland) KURT SCHUMACHER Entnazifizierung / Sicherung der Arbeitsplätze	
			CDU (= Christlich demokratische Union) KONRAD ADENAUER Wiederaufbau, christliche Ziele	
			CSU (= Christlich soziale Union) JOSEF MÜLLER ("Ochsen-Sepp") Föderalismus	
			FDP (= Freie demokratische Partei Deutschlands) THOMAS DEHLER, THEODOR HEUSS Liberalismus	
2. Teilziel:			Wahlen (1946 in den westlichen Zonen)	
	Impuls		Ein weiterer Schritt auf dem Weg zu normalen politischen Verhältnissen waren Wahlen.	
		Quellenarbeit (Buch) Verfassung des Freistaates Bayern		
	AA		1. Wahlen wen? 2. Ergebnisse zum 1. Landtag in Bayern 3. Verfassung für Bayern?	
	Ergebnisse:		Gemeinde- und Kreistagswahlen Landtagswahlen (1. Dez. 1946) zum Bayer. Landtag Annahme der Bayer. Verfassung Dr. E HARD 1. Ministerpräsident	
3. Teilziel:			Pol. Zusammenschluß der Westzonen	
		Buch	Bi-ZONE (Zusammenschluß der engl. und amerikanischen Zone)	
			Tri-ZONE (Anschluß der französischen Zone)	
			1948 Verfassunggebende Versammlung: Parlamentarischer Rat Währungsreform	
			7.9.1949: Gründung der Bundesrepublik	
III. BESINNUNG	U-Gespräch		Die Leistungen der Männer der 1. Stunde	

GESCHICHTE	Name	Klasse	Datum	Nr.

Wie begann das politische Leben nach 1945?

8.5.1945 Kapitulation

Neugründung der Parteien

SPD
_____   _____   _____

_____   _____

                                                _____

CDU
_____   _____   _____

_____   _____

CSU
_____   _____   _____

_____

FDP
_____   _____   _____

_____   _____

Wahlen

_____

_____

_____

Verfassunggebende Versammlung:

Grundgesetz

7.9.1949 Gründung der Bundesrepublik

GESCHICHTE	Name	Klasse	Datum	Nr.

Wie begann das politische Leben nach 1945?

> **8.5.1945 Kapitulation**

> **Neugründung der Parteien**

SPD	Sozialdemokratische Partei Deutschlands	Kurt Schumacher	Entnazifizierung Sicherung der Arbeitsplätze
CDU	Christlich demokratische Union	Konrad Adenauer	Wiederaufbau christliche Ziele
CSU	Christlich soziale Union	Josef Müller ("Ochsen-Sepp")	Föderalismus
FDP	Freie demokratische Partei D.eutschlands	Thomas Dehler Theodor Heuss	Liberalismus

> **Wahlen**

Bayern: Bürgermeister-, Gemeinderats- und Kreistagwahlen, 1. Wahl zum Bayerischen Landtag am 1. Dezember 1946, Annahme der Bayerischen Verfassung, Dr. Hans Erhard wird Ministerpräsident

> **Verfassunggebende Versammlung:**

Parlamentarischer Rat

> **Grundgesetz**

> **7.9.1949 Gründung der Bundesrepublik**

© pb-verlag puchheim

Der Parlamentarische Rat hat das vorstehende Grundgesetz für die Bundesrepublik Deutschland in öffentlicher Sitzung am 8. Mai des Jahres Eintausendneunhundertneunundvierzig mit dreiundfünfzig gegen zwölf Stimmen beschlossen. Zu Urkunde dessen haben sämtliche Mitglieder des Parlamentarischen Rates die vorliegende Urschrift des Grundgesetzes eigenhändig unterzeichnet.

BONN AM RHEIN, den 23. Mai des Jahres Eintausendneunhundertneunundvierzig.

Konrad Adenauer

PRÄSIDENT DES PARLAMENTARISCHEN RATES

Adolph Schönfelder

I. VIZEPRÄSIDENT DES PARLAMENTARISCHEN RATES

Hermann Schäfer

II. VIZEPRÄSIDENT DES PARLAMENTARISCHEN RATES

Bonner Almanach 1974
© Presse- und Informationsamt der Bundesregierung, Bonn

Am 8. Mai 1949 stimmte der Parlamentarische Rat in Bonn über das Grundgesetz ab.

Am 23. Mai 1949 stellte der in der Pädagogischen Akademie in Bonn (dem heutigen Bundeshaus) tagende Parlamentarische Rat in öffentlicher Sitzung fest, daß das am 8. Mai 1949 von ihm beschlossene Grundgesetz angenommen worden ist. Foto: Dr. Konrad Adenauer bei der Verkündung des Grundgesetzes. Links neben ihm Helene Weber, Dr. Hermann Schäfer, rechts Adolf Schönfelder und Jean Stock.

Aufrufe und Programme 1945

Erster Aufruf der SPD aus Berlin

1. *Restlose Vernichtung aller Spuren des Hitlerregimes ...*
2. *Sicherung der Ernährung, Bereitstellung von Arbeitskräften und genossenschaftlicher Zusammenschluß in der Landwirtschaft ...*
4. *Wiederaufbau der Wirtschaft unter Mitwirkung der kommunalen Selbstverwaltung und der Gewerkschaften ...*
8. *Verstaatlichung der Banken, Versicherungsunternehmungen und Bodenschätze, Verstaatlichung der Bergwerke und der Energiewirtschaft. Erfassung der Großgrundbesitzes und der lebensfähigen Großindustrie und aller Kriegsgewinne für die Zwecke des Wiederaufbaus. Beseitigung des arbeitslosen Einkommens aus Grund und Boden und Mietshäusern. Scharfe Begrenzung der Verzinsung von mobilem Kapital.*

Hohlfeld, Bd. 6, S. 18

Erster Aufruf der CDU aus Berlin

Das unermeßliche Elend in unserem Volk zwingt uns, den Aufbau unseres Wirtschaftslebens, die Sicherung von Arbeit und Nahrung, Kleidung und Wohnung ohne jede Rücksicht auf persönliche Interessen und wirtschaftliche Theorien in straffer Planung durchzuführen. Das Notprogramm für Brot und Obdach und Arbeit geht allem voran. Dabei ist es unerläßlich, schon um für alle Zeiten die Staatsgewalt vor illegitimen Einflüssen wirtschaftlicher Machtzusammenballungen zu sichern, daß die Bodenschätze in Staatsbesitz übergehen. Der Bergbau und andere monopolartige Schlüsselunternehmungen unseres Wirtschaftslebens müssen klar der Staatsgewalt unterworfen werden. Wir bejahen das Privateigentum, das die Entfaltung der Persönlichkeit sichert, aber an die Verantwortung für die Allgemeinheit gebunden bleibt.

Hohlfeld, Bd.6, S. 20

Grundsatzprogramm der CSU

Wir fordern den föderativen Aufbau Deutschlands auf bundesstaatlicher Grundlage. Wir lehnen jeden Zentralismus ab. Wir treten ein für die Staatspersönlichkeit jedes Bundeslandes. Wir fordern in jedem Bundesland größtmögliche Selbständigkeit der nachgeordneten Verwaltungskörperschaften.

Flechtheim: Dokumente, Bd, 2, S. 213 f.

„Syker Programm" der FDP

In dem Bewußtsein, daß das höchste Glück der Erdenkinder die Persönlichkeit ist, soll der neue demokratische Staat des deutschen Volkes als freier Staat die freie Entfaltung der Persönlichkeit auf allen Gebieten fördern.
Jeder Totalitätsanspruch nationalistischer, klerikaler und sozialistischer Färbung ist ein Feind der Demokratie. Der Volksstaat, den wir erstreben, erträgt weder den Klassenstaat noch den Obrigkeitsstaat.

Flechtheim: Dokumente, Bd. 2, S. 272.

THEMA

Die Entstehung der Bundesrepublik Deutschland

LERNZIELE

- Wissen um den Parlamentarischen Rat mit seinen 65 Abgeordneten, der das GG für die Bundesrepublik ausgearbeitet hat (Inkrafttreten am 23. Mai 1949)
- Wissen, daß K. Adenauer als Bundeskanzler, T. Heuss als Bundespräsident gewählt wurden
- Erkenntnis, daß unter Ludwig Erhard die Soziale Marktwirtschaft eingeführt wurde und auf diese Art das deutsche Wirtschaftswunder geschaffen werden konnte

ARBEITSMITTEL/MEDIEN/LITERATURHINWEISE

Arbeitsblätter (2) mit Lösungen
Folien (Karte; Informationstexte)
Bilder

Graphik unten aus:
H. Beilner u.a.: Geschichte für die Hauptschule 9
© by Verlag Ludwig Auer, Donauwörth 1982

TAFELBILD/FOLIEN

Die Entstehung der Bundesrepublik Deutschland

Die Unterzeichnung des Grundgesetzes

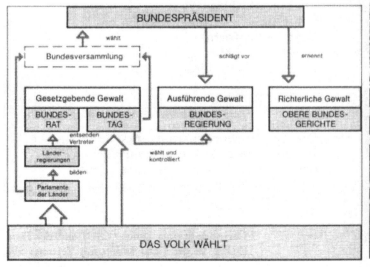

METHODE	LERNINHALTE (STOFF)	ZEIT
Unterrichtsstufe (Teil) Zielangabe und (Teil) Zusammenfassung Lehr / Lernakte Medieneinsatz	Tafelanschrift (bzw. Folie)	

I. HINFÜHRUNG:

Anknüpfung an die vorige Stunde — Folie BRD, DDR
Impuls

L: Wir haben in der letzten Stunde einiges über die pol. Entwicklung Deutschlands nach dem II. Weltkrieg gehört.
SS: Entwicklung in West- und Ostdeutschland ...

Impuls — Folie BRD

L: Wir werden uns nun die Entwicklung in diesem Teil (BRD) näher anschauen!

Z i e l a n g a b e — TA

> Die Entstehung der BRD

II. ERARBEITUNG:

AA: — Folie

1. Berichte über die Entstehung der BRD!
2. Berichte über den wirtschaftlichen Wiederaufbau Deutschlands!

Auswertung — Quellen

SS: 1. 1948 - 65 Abgeordnete bilden den Parlamentarischen Rat. Sie arbeiten das GG aus: 23.5.1949 - Außenpolitik wird bis 1955 von den Alliierten kontrolliert.
BK: ADENAUER, BPr.: HEUSS

2. Schwerpunkte seines Reg.programms: Wirtschafts- und Sozialpolitik. Hier der wirtschaftl. Aufbau, Abbau der Arbeitslosigkeit, Förderung des Wohnungsbaus und der Landwirtschaft. Erster Bundeswirtschaftsminister: LUDWIG ERHARD. Hilfe des Marshallplanes - Wirtschaftswunder.

III. VERTIEFUNG:

Ges.whg.

IV. SICHERUNG: — AB

V. AUSWEITUNG:

Impuls

L: Mitentscheidend für den wirtschaftlichen Aufbau war folgendes Ereignis am 18. Juni 1948:

stummer Impuls

L: zeigt Folie (Zeitungsausschnitt Währungsreform)
SS: Eine neue Währung wird eingesetzt. Das alte Geld wird wertlos ...

Vortrag über die Auswirkungen dieses Gesetzes

Landeszentrale A 62

SS: Die Sparer wurden fast entschädigungslos enteignet, wer hingegen Sachwerte oder Aktien besaß, brauchte nichts herzugeben. Schulden wurden um neun Zehntel gestrichen.

GESCHICHTE	Name	Klasse	Datum	Nr.

Die Entstehung der Bundesrepublik Deutschland (1)

Am 1.9.1948 wurden die Ministerpräsidenten der Länder beauftragt, eine verfassungsgebende Versammlung einzuberufen. 65 Abgeordnete der einzelnen Landtage bildeten den _____

_____ ,der das _____ für die Bundesrepublik Deutschland ausarbeitete. Dieses Grundgesetz wurde die vorläufige Verfassung für Deutschland. Es trat am _____ in Kraft.

Ab September 1949 gab es keine _____ mehr. Die Außenpolitik

und der Außenhandel wurden jedoch bis zum Jahr _____ von den Alliierten kontrolliert.

Der erste Bundespräsident war _____ ,

der erste Bundeskanzler war _____ .

Der Bundespräsident ist der Repräsentant des deutschen Volkes.

Der Bundeskanzler ist der Mann, der die Regierung führt.

Der wirtschaftliche Wiederaufbau Deutschlands

Der neugewählte Bundeskanzler Konrad Adenauer nannte als

Schwerpunkte seines Regierungsprogramms die _____ -

_____

_____

Der erste Bundeswirtschaftsminister _____

_____ brachte durch die Wirtschaftsform

der _____ den Aufschwung

der westdeutschen Wirtschaft, das sogenannte „_____ -

_____ ".

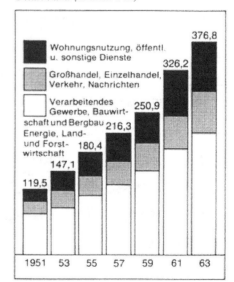

Brutto-Sozialprodukt der Bundesrepublik Deutschland (in Mrd. DM)

Wohnungsnutzung, öffentl. u. sonstige Dienste

Großhandel, Einzelhandel, Verkehr, Nachrichten

Verarbeitendes Gewerbe, Bauwirtschaft und Bergbau

Energie, Land- und Forstwirtschaft

119,5 — 147,1 — 180,4 — 216,3 — 250,9 — 326,2 — 376,8

1951 · 53 · 55 · 57 · 59 · 61 · 63

GESCHICHTE	Name	Klasse	Datum	Nr.

Die Entstehung der Bundesrepublik Deutschland (1)

Am 1.9.1948 wurden die Ministerpräsidenten der Länder beauftragt, eine verfassungsgebende Versammlung einzuberufen. 65 Abgeordnete der einzelnen Landtage bildeten den *Parlamentarischen Rat*, der das *Grundgesetz* für die Bundesrepublik Deutschland ausarbeitete. Dieses Grundgesetz wurde die vorläufige Verfassung für Deutschland. Es trat am *23. Mai 1949* in Kraft. Ab September 1949 gab es keine *Militärregierungen* mehr. Die Außenpolitik und der Außenhandel wurden jedoch bis zum Jahr *1955* von den Alliierten kontrolliert. Der erste Bundespräsident war *Theodor Heuss*, der erste Bundeskanzler war *Konrad Adenauer*.

Der Bundespräsident ist der Repräsentant des deutschen Volkes.

Der Bundeskanzler ist der Mann, der die Regierung führt.

Der wirtschaftliche Wiederaufbau Deutschlands

Der neugewählte Bundeskanzler Konrad Adenauer nannte als Schwerpunkte seines Regierungsprogramms die *Wirtschafts- und Sozialpolitik (wirtschaftlicher Aufbau, Beseitigung der Arbeitslosigkeit, Förderung des Wohnungsbaus)* Der erste Bundeswirtschaftsminister *Ludwig Erhard* brachte durch die Wirtschaftsform der *Sozialen Marktwirtschaft* den Aufschwung der westdeutschen Wirtschaft, das sogenannte „*Wirtschaftswunder*".

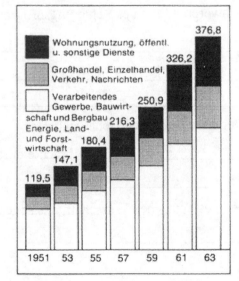

Brutto-Sozialprodukt der Bundesrepublik Deutschland (in Mrd. DM)

- Wohnungsnutzung, öffentl. u. sonstige Dienste
- Großhandel, Einzelhandel, Verkehr, Nachrichten
- Verarbeitendes Gewerbe, Bauwirtschaft und Bergbau Energie, Land- und Forstwirtschaft

1951	53	55	57	59	61	63
119,5	147,1	180,4	216,3	250,9	326,2	376,8

GESCHICHTE	Name	Klasse	Datum	Nr.

Die Entstehung der Bundesrepublik Deutschland (2)

Aus den drei westlichen Besatzungszonen entsteht 1949 ein neuer Staat, _die Bundesrepublik_

_____ . Sie ist ein Bundesstaat mit 10 Bundesländern, dessen Ordnung

durch _____ und _____ bestimmt wird. Die Länder,

so z.B. der Freistaat Bayern, haben gewisse Hoheitsrechte und sind über den Bundesrat an der Gesetzge-

bung des Bundes beteiligt. Bundesgesetze werden von _____ und _____

erlassen, Landesgesetze vom jeweiligen _____ .

Bezeichne die Länder der Bundesrepublik Deutschland!

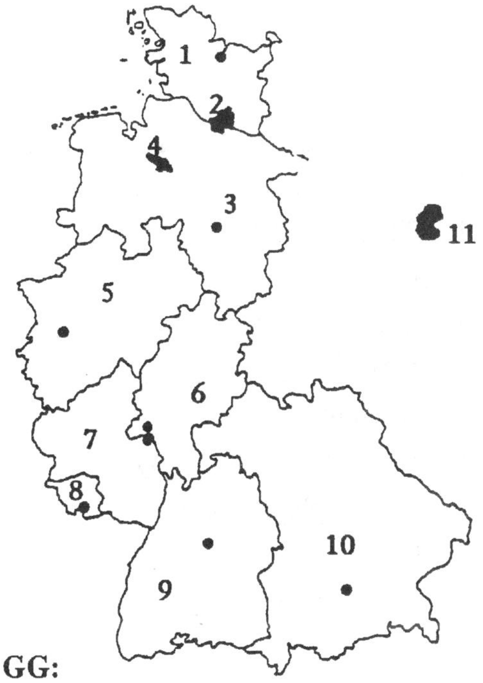

1 _____
2 _____
3 _____
4 _____
5 _____
6 _____
7 _____
8 _____
9 _____
10 _____
11 _____

Art. 20 GG:

_____

_____

GESCHICHTE	Name	Klasse	Datum	Nr.

Die Entstehung der Bundesrepublik Deutschland (2)

Aus den drei westlichen Besatzungszonen entsteht 1949 ein neuer Staat, __die Bundesrepublik__

__Deutschland__ . Sie ist ein Bundesstaat mit 10 Bundesländern, dessen Ordnung

durch __Grundgesetz__ und __Länderverfassungen__ bestimmt wird. Die Länder,

so z.B. der Freistaat Bayern, haben gewisse Hoheitsrechte und sind über den Bundesrat an der Gesetzge-

bung des Bundes beteiligt. Bundesgesetze werden von __Bundestag__ und __Bundesrat__

erlassen, Landesgesetze vom jeweiligen __Landtag__ .

Bezeichne die Länder der Bundesrepublik Deutschland!

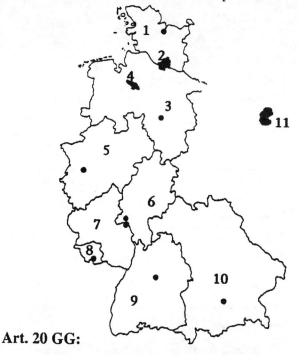

1	Schleswig-Holstein
2	Hamburg
3	Niedersachsen
4	Bremen
5	Nordrhein-Westfalen
6	Hessen
7	Rheinland-Pfalz
8	Saarland (1.1. 1957)
9	Baden-Württemberg
10	Bayern
11	Berlin-West

Art. 20 GG:

Die Bundesrepublik Deutschland ist ein demokratischer und sozialer Bundesstaat

(föderativer Aufbau)

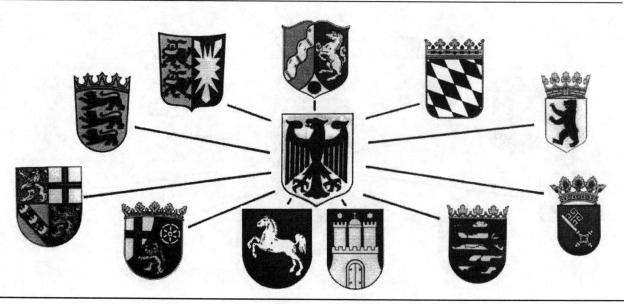

Schlangen vor den Umtauschstellen. *Jeder Deutsche erhält 40 Deutsche Mark für 40 Reichsmark.* *Nach der Währungsreform füllen sich die Schaufenster.*

Währungsreform: 40 DM für jeden Bürger

20. Juni. Der Verfall der deutschen Währung (offizieller Kurs 1 RM = 0,30 Dollar; inoffiziell 1 RM = 0,01 Dollar) macht eine Reform erforderlich, um die deutsche Wirtschaft neu zu beleben und die Produktion zu erhöhen.

Von der Bank Deutscher Länder werden die in den USA gedruckten und in Frankfurt eingelagerten Banknoten verteilt. Jeder Bürger der Westzonen erhält zunächst 40,– DM für 40 RM (weitere 20,– DM im August). Die Spareinlagen und Guthaben werden im offiziellen Verhältnis 1 : 10 umgewertet (Tatsächlich 100 RM = 6,50 DM). Die Gesamtausgabe an umlaufenden Noten beträgt 10 Milliarden DM. Die bisherigen Gehälter und Zahlungen laufen im Verhältnis 1 : 1 weiter. Im Anschluß an die Währungsreform, das heißt bereits am gleichen Sonntag, sind die Schaufenster der Läden mit bisher zurückgehaltenen Verbrauchsgütern gefüllt. Der Wirt-

Chronik des 20. Jahrhunderts, S. 710
© Harenberg Verlag, Dortmund 1983

Erhards Konzept

»Wohlstand für Alle« ist nicht nur der Titel eines programmatischen Buches von Bundeswirtschaftsminister Ludwig Erhard (CDU), sondern umreißt auch den Anspruch, den er mit seinem Wirtschaftskonzept verfolgt. Die von ihm propagierte »Soziale Marktwirtschaft« (→1948) soll durch Förderung des Wettbewerbs in der Wirtschaft eine Steuerung der Produktion nach den Bedürfnissen sicherstellen. Der Gegensatz zwischen arm und reich soll durch eine verstärkte Förderung des Kapitalbesitzes der einkommensschwächeren Bevölkerung zumindest teilweise ausgeglichen werden.

Bruttosozialprodukt und private Ersparnis in Mrd. DM

Anteile der Wirtschaftsbereiche am Bruttoinlandsprodukt in %

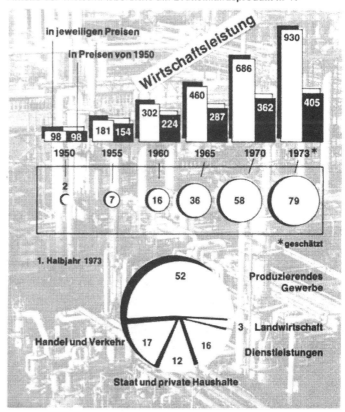

in jeweiligen Preisen
in Preisen von 1950

Wirtschaftsleistung

	1950	1955	1960	1965	1970	1973*
	98 98	181 154	302 224	460 287	686 362	930 405
	2	7	16	36	58	79

*geschätzt

1. Halbjahr 1973

- 52 — Produzierendes Gewerbe
- 3 — Landwirtschaft
- 16 — Dienstleistungen
- 12 — Staat und private Haushalte
- 17 — Handel und Verkehr

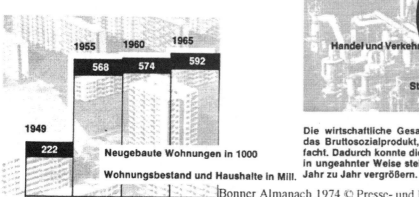

1949	1955	1960	1965
222	568	574	592

Neugebaute Wohnungen in 1000

Wohnungsbestand und Haushalte in Mill.

Die wirtschaftliche Gesamtleistung der Bundesrepublik Deutschland, das Bruttosozialprodukt, hat sich in einem Vierteljahrhundert vervielfacht. Dadurch konnte die Bevölkerung nicht nur ihren Lebensstandard in ungeahnter Weise steigern, sondern auch die Ersparnisbildung von Jahr zu Jahr vergrößern.

Bonner Almanach 1974 © Presse- und Informationsamt der Bundesregierung, Bonn

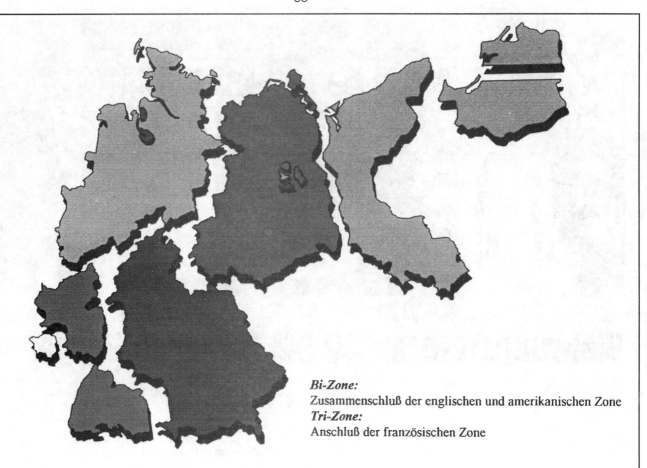

Bi-Zone:
Zusammenschluß der englischen und amerikanischen Zone
Tri-Zone:
Anschluß der französischen Zone

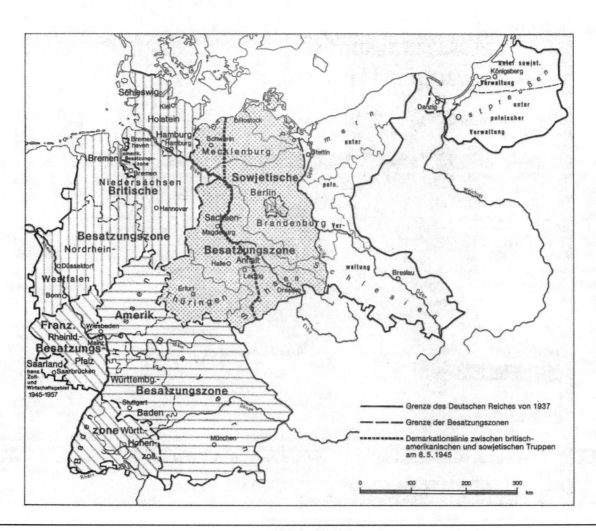

Informationen zur politischen Bildung: Die Entstehung der BRD
© Presse- und Informationsamt, Bonn 1989

THEMA
Grundgesetz und Föderalismus

LERNZIELE

- Kenntnis von verschiedenen Merkmalen unserer Demokratie am Beispiel des Grundgesetzes
- Erkennen der Bundesrepublik Deutschland als föderativer Bundesstaat
- Verstehen der BRD als freiheitlichen, parlamentarischen und demokratischen Staat
- Benennen der Vorzüge der Freiheit für die eigene Person

ARBEITSMITTEL/MEDIEN/LITERATURHINWEISE

Arbeitsblätter (2) mit Lösungen
Folie, Tafelbild, Wortkarten (7)
Grundgesetz (Textvorlage)

TAFELBILD/FOLIEN

Wie garantiert das Grundgesetz unsere Freiheit ?

	Grundrechte Art. 1 - 19	Wahlrecht Art. 38	Staatsgewalt Art. 20

Die Bundesrepublik Deutschland ist ein demokratischer und sozialer B u n d e s s t a a t

Gleichheit vor dem Gesetz
Glaubensfreiheit
Meinungsfreiheit
Versammlungsfreiheit

Die Wahlen sind
- allgemein
- unmittelbar
- frei
- gleich
- geheim

Legislative

Exekutive   Judikative

föderativ	*freiheitlich*	*parlamentarisch*	*demokratisch*

METHODE Unterrichtsstufe (Teil) Zielangabe und (Teil) Zusammenfassung Lehr / Lernakte Medieneinsatz	LERNINHALTE (STOFF) Tafelanschrift (bzw. Folie)	ZEIT

I. HINFÜHRUNG
 	
    Wiederholung
 	
          Folie
    UG
	Die Bundesrepublik ist ein <u>demokratischer</u> und <u>sozialer</u> Bundesstaat.
	Bundesgesetzblatt vom 23. Mai 1949
	
	demokratisch - was bedeutet das?
	          wo steht das?
	          wer garantiert das?	

Z i e l a n g a b e :	**Wie garantiert das GG unsere Freiheit?**	

II. ERARBEITUNG
  1. **T e i l z i e l**
 	
    a) SS erlesen Art. 3 (GG)
 	
    b) Fixierung (AB/TA)
 	
    c) TZ-Zus.f.
	<u>Das GG garantiert</u> **Grundrechte**
	
	z.B. Glaubens**freiheit**
	     Meinungs**freiheit**
	freiheitlich	

2. **T e i l z i e l**
 	
    a) SS erlesen Art. 38 (GG)
 	
    b) Fixierung (AB/TA)
 	
    c) TZ-Zus.f.
	<u>Das GG garantiert freie</u> **Wahlen**
	
	Merkmale freier Wahlen in einer Demokratie
	
	parlamentarisch	

3. **T e i l z i e l**
 	
    a) SS erlesen Art. 20 (GG)
 	
    b) Fixierung
 	
    c) TZ-Zus.f.
	<u>Das GG garantiert die</u> **Gewaltenteilung**
	
	Legislative - Executive - Judikative
	
	demokratisch	

III. VERTIEFUNG
 	
    SS erlesen AB 2
 	
    UG
 	
    Fixierung
    (= GZF)
	Unsere Demokratie: Parlamentarisch von A bis Z
	
	Was ist **parlamentarische Demokratie?**
	Die Aufgaben unseres Bundestages in Bonn.	

IV. AUSKLANG
 	
    Singen der
    Nationalhymne
    (3. Strophe)
 	
    Besinnung auf
    die Begriffe
	
	Recht und **Freiheit.**	

GESCHICHTE	Name	Klasse	Datum	Nr.

Wie garantiert das Grundgesetz unsere Freiheit?

Am 23. Mai 1949 erhielten die drei Besatzungszonen ein „Grundgesetz". Die Bezeichnung „Grundgesetz" sollte und soll den vorläufigen Charakter dieses Staates ausdrücken. Deutschland kann erst dann eine Verfassung bekommen, wenn es in Frieden und Freiheit wiedervereinigt ist. Darauf hinzuarbeiten ist oberstes Ziel deutscher Politik.

Grundrechte

Artikel 3

(1) Alle Menschen sind vor dem Gesetz gleich.

(2) Männer und Frauen sind gleichberechtigt.

(3) Niemand darf wegen seines Geschlechtes, seiner Abstammung, seiner Rasse, seiner Sprache, seiner religiösen oder politischen Anschauungen benachteiligt oder bevorzugt werden.

1. Lies in den Art. 1-19 GG nach, welche Grundrechte hier aufgeführt sind und schreibe einige auf!

_____

_____

_____

_____

Wahlrecht

Artikel 38

(1) Die Abgeordneten des Deutschen Bundestages werden in allgemeiner, unmittelbarer, freier, gleicher und geheimer Wahl gewählt. Sie sind Vertreter des ganzen Volkes, an Aufträge und Weisungen nicht gebunden und nur ihrem Gewissen unterworfen.

2. Wie müssen nach Art. 38 GG die Wahlen in der Bundesrepublik abgehalten werden?

_____

_____

Staatsgewalt

Artikel 20

(1) Die Bundesrepublik Deutschland ist ein demokratischer und sozialer Bundesstaat.

(2) Alle Staatsgewalt geht vom Volke aus. Sie wird vom Volke in Wahlen und Abstimmungen und durch besondere Organe der Gesetzgebung, der vollziehenden Gewalt und der Rechtsprechung ausgeübt.

(3) Die Gesetzgebung ist an die verfassungsmäßige Ordnung, die vollziehende Gewalt und die Rechtsprechung sind an Gesetz und Recht gebunden.

(4) Gegen jeden, der es unternimmt, diese Ordnung zu beseitigen, haben alle Deutschen das Recht zum Widerstand, wenn andere Abhilfe nicht möglich ist.

3. In welcher Form ist bei uns die Macht im Staat verteilt?

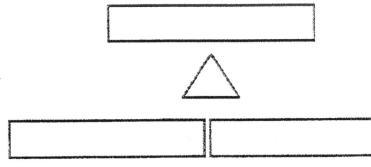

Kreuze die Merkmale unserer freiheitlichen parlamentarischen Demokratie an:

Der Bundestag kontrolliert die Regierung. ○

Die drei Staatsgewalten kontrollieren sich gegenseitig. ○

Der Staatspräsident beeinflußt Legislative, Exekutive und Judikative. ○

Die Länder sind über den Bundesrat an der Gesetzgebung beteiligt. ○

GESCHICHTE	Name	Klasse	Datum	Nr.

Wie garantiert das Grundgesetz unsere Freiheit?

Am 23. Mai 1949 erhielten die drei Besatzungszonen ein „Grundgesetz". Die Bezeichnung „Grundgesetz" sollte und soll den vorläufigen Charakter dieses Staates ausdrücken. Deutschland kann erst dann eine Verfassung bekommen, wenn es in Frieden und Freiheit wiedervereinigt ist. Darauf hinzuarbeiten ist oberstes Ziel deutscher Politik.

Grundrechte

Artikel 3

(1) Alle Menschen sind vor dem Gesetz gleich.

(2) Männer und Frauen sind gleichberechtigt.

(3) Niemand darf wegen seines Geschlechtes, seiner Abstammung, seiner Rasse, seiner Sprache, seiner religiösen oder politischen Anschauungen benachteiligt oder bevorzugt werden.

Wahlrecht

Artikel 38

(1) Die Abgeordneten des Deutschen Bundestages werden in allgemeiner, unmittelbarer, freier, gleicher und geheimer Wahl gewählt. Sie sind Vertreter des ganzen Volkes, an Aufträge und Weisungen nicht gebunden und nur ihrem Gewissen unterworfen.

Staatsgewalt

Artikel 20

(1) Die Bundesrepublik Deutschland ist ein demokratischer und sozialer Bundesstaat.

(2) Alle Staatsgewalt geht vom Volke aus. Sie wird vom Volke in Wahlen und Abstimmungen und durch besondere Organe der Gesetzgebung, der vollziehenden Gewalt und der Rechtsprechung ausgeübt.

(3) Die Gesetzgebung ist an die verfassungsmäßige Ordnung, die vollziehende Gewalt und die Rechtsprechung sind an Gesetz und Recht gebunden.

(4) Gegen jeden, der es unternimmt, diese Ordnung zu beseitigen, haben alle Deutschen das Recht zum Widerstand, wenn andere Abhilfe nicht möglich ist.

1. Lies in den Art. 1-19 GG nach, welche Grundrechte hier aufgeführt sind und schreibe einige auf!

   Gleichheit vor dem Gesetz

   Glaubens- und Religionsfreiheit

   Meinungsfreiheit

   Versammlungsfreiheit

2. Wie müssen nach Art. 38 GG die Wahlen in der Bundesrepublik abgehalten werden?

   allgemein, unmittelbar, frei, gleich

   und geheim

3. In welcher Form ist bei uns die Macht im Staat verteilt?

   Legislative

   Exekutive   Judikative

Wir leben in einer freiheitlich parlamentarischen Demokratie

Kreuze die Merkmale unserer freiheitlichen parlamentarischen Demokratie an:

Der Bundestag kontrolliert die Regierung.

Die drei Staatsgewalten kontrollieren sich gegenseitig. ⊗

Der Staatspräsident beeinflußt Legislative, Exekutive und Judikative. ○

Die Länder sind über den Bundesrat an der Gesetzgebung beteiligt. ⊗

Bundesgesetzblatt

| 1949 | Ausgegeben in Bonn am 23. Mai 1949 | Nr. 1 |

Inhalt: Grundgesetz für die Bundesrepublik Deutschland vom 23. Mai 1949 .... Seite 1

Grundgesetz
für die Bundesrepublik Deutschland
vom 23. Mai 1949.

Der Parlamentarische Rat hat am 23. Mai 1949 in Bonn am Rhein in öffentlicher Sitzung festgestellt, daß das am 8. Mai des Jahres 1949 vom Parlamentarischen Rat beschlossene Grundgesetz für die Bundesrepublik Deutschland in der Woche vom 16.—22. Mai 1949 durch die Volksvertretungen von mehr als Zweidritteln der beteiligten deutschen Länder angenommen worden ist.

Auf Grund dieser Feststellung hat der Parlamentarische Rat, vertreten durch seine Präsidenten, das Grundgesetz ausgefertigt und verkündet.

Das Grundgesetz wird hiermit gemäß Artikel 145 Absatz 3 im Bundesgesetzblatt veröffentlicht:

Präambel

Im Bewußtsein seiner Verantwortung vor Gott und den Menschen, von dem Willen beseelt, seine nationale und staatliche Einheit zu wahren und als gleichberechtigtes Glied in einem vereinten Europa dem Frieden der Welt zu dienen, hat das Deutsche Volk in den Ländern Baden, Bayern, Bremen, Hamburg, Hessen, Niedersachsen, Nordrhein-Westfalen, Rheinland-Pfalz, Schleswig-Holstein, Württemberg-Baden und Württemberg-Hohenzollern, um dem staatlichen Leben für eine Übergangszeit eine neue Ordnung zu geben, kraft seiner verfassungsgebenden Gewalt dieses Grundgesetz der Bundesrepublik Deutschland beschlossen.

Es hat auch für jene Deutschen gehandelt, denen mitzuwirken versagt war.

Das gesamte Deutsche Volk bleibt aufgefordert, in freier Selbstbestimmung die Einheit und Freiheit Deutschlands zu vollenden.

I. Die Grundrechte

Artikel 1

(1) Die Würde des Menschen ist unantastbar. Sie zu achten und zu schützen ist Verpflichtung aller staatlichen Gewalt.

(2) Das Deutsche Volk bekennt sich darum zu unverletzlichen und unveräußerlichen Menschenrechten als Grundlage jeder menschlichen Gemeinschaft, des Friedens und der Gerechtigkeit in der Welt.

(3) Die nachfolgenden Grundrechte binden Gesetzgebung, Verwaltung und Rechtsprechung als unmittelbar geltendes Recht.

Artikel 2

(1) Jeder hat das Recht auf die freie Entfaltung seiner Persönlichkeit, soweit er nicht die Rechte anderer verletzt und nicht gegen die verfassungsmäßige Ordnung oder das Sittengesetz verstößt.

(2) Jeder hat das Recht auf Leben und körperliche Unversehrtheit. Die Freiheit der Person ist unverletzlich. In diese Rechte darf nur auf Grund eines Gesetzes eingegriffen werden.

Artikel 3

(1) Alle Menschen sind vor dem Gesetz gleich.

(2) Männer und Frauen sind gleichberechtigt.

(3) Niemand darf wegen seines Geschlechtes, seiner Abstammung, seiner Rasse, seiner Sprache, seiner Heimat und Herkunft, seines Glaubens, seiner religiösen oder politischen Anschauungen benachteiligt oder bevorzugt werden.

Artikel 4

(1) Die Freiheit des Glaubens, des Gewissens und die Freiheit des religiösen und weltanschaulichen Bekenntnisses sind unverletzlich.

(2) Die ungestörte Religionsausübung wird gewährleistet.

(3) Niemand darf gegen sein Gewissen zum Kriegsdienst mit der Waffe gezwungen werden. Das Nähere regelt ein Bundesgesetz.

Artikel 5

(1) Jeder hat das Recht, seine Meinung in Wort, Schrift und Bild frei zu äußern und zu verbreiten und sich aus allgemein zugänglichen Quellen un-

Die erste Seite des Bundesgesetzblattes mit dem Text des Grundgesetzes der Bundesrepublik Deutschland vom 23. Mai 1949

Am 23. Mai 1949 wurde in Bonn das Grundgesetz der Bundesrepublik Deutschland unterzeichnet.

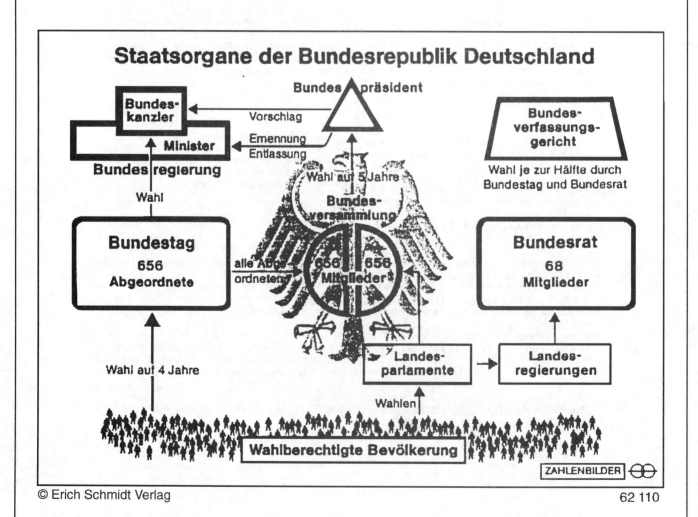

62 110

GESCHICHTE	Name	Klasse	Datum	Nr.

Aufgaben des Deutschen Bundestages

Unsere Demokratie: Parlamentarisch von A bis Z

Die Bestimmung der Mächtigen geschieht durch Wahlen: zunächst durch die des Bundestages. Mit dieser Wahl wird der Volkswille auf das Parlament übertragen. Das Parlament wählt dann seinerseits den mächtigsten Mann der Regierung: den Bundeskanzler - eine Wahl, die zu den wichtigsten Aufgaben des Bundestages gehört. Daneben besitzt das Parlament noch eine Reihe anderer Wahlfunktionen.

Hinzu kommen seine nicht minder bedeutsamen Funktionen als politisches Forum, als Gesetzgeber und als Kontrolleur der Regierung. Dies alles macht den Bundestag zum zentralen Bindeglied zwischen dem einzelnen Bürger und dem Staat und kennzeichnet die Bundesrepublik Deutschland als demokratischen Staat und als parlamentarische Demokratie.

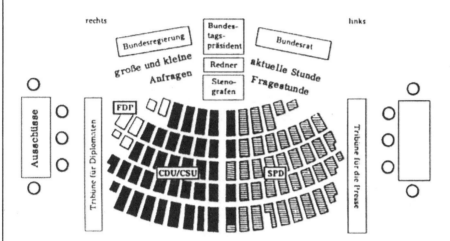

337 machen einen Kanzler

Für die Wahl des Kanzlers ist die Mehrheit der Bundestagsmitglieder nötig, die sogenannte Kanzlermehrheit. Das sind in der Regel bei 672 Parlamentariern 337 Abgeordnete Der Regierungschef braucht nicht nur das Vertrauen des Hauses, sondern muß von ihm ausdrücklich bestellt werden. Die konsequent parlamentarische Regierungsform der Bundesrepublik wird daran ganz besonders deutlich. Kanzler und Kabinett gehen auch so gut wie ausnahmslos aus den Reihen des Bundestages selbst hervor. Sie sind, wie es ein Abgeordneter einmal bildhaft formuliert hat, „gewissermaßen der von der Bundestagsmehrheit aus seiner Mitte bestellte Hauptausschuß zum Zwecke des Regierens".

Was ist mit dem Sammelbegriff der parlamentarischen Demokratie gemeint?

Seine vielfältigen Aufgaben machen den Deutschen Bundestag zum Zentrum der Politik:

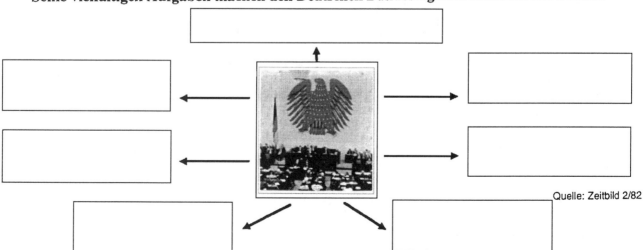

Quelle: Zeitbild 2/82

GESCHICHTE	Name	Klasse	Datum	Nr.

Aufgaben des Deutschen Bundestages

Unsere Demokratie: Parlamentarisch von A bis Z

Die Bestimmung der Mächtigen geschieht durch Wahlen: zunächst durch die des Bundestages. Mit dieser Wahl wird der Volkswille auf das Parlament übertragen. Das Parlament wählt dann seinerseits den mächtigsten Mann der Regierung: den Bundeskanzler - eine Wahl, die zu den wichtigsten Aufgaben des Bundestages gehört. Daneben besitzt das Parlament noch eine Reihe anderer Wahlfunktionen.

Hinzu kommen seine nicht minder bedeutsamen Funktionen als politisches Forum, als Gesetzgeber und als Kontrolleur der Regierung. Dies alles macht den Bundestag zum zentralen Bindeglied zwischen dem einzelnen Bürger und dem Staat und kennzeichnet die Bundesrepublik Deutschland als demokratischen Staat und als parlamentarische Demokratie.

Die Sitzverteilung im Deutschen Bundestag

Die neue Sitzverteilung

294   47   49   252

672 Abgeordnete   30

CDU/CSU: 294 Abgeordnete

SPD: 252 Abgeordnete

FDP: 47 Abgeordnete

Grüne/B. 90: 49 Abgeordnete

PDS: 30 Abgeordnete

Keine Partei im Bundestag hat die absolute Mehrheit.

Deshalb entsteht eine Koalitionsregierung (CDU/CSU und FDP). In der Opposition befinden sich die übrigen Parteien.

Die Abgeordneten einer Partei vereinigen sich im Parlament zu einer Fraktion, um bei Abstimmungen geschlossen aufzutreten.

rechts · links

Bundesregierung · Bundestagspräsident · Bundesrat

große und kleine Anfragen · Redner · aktuelle Stunde · Stenografen · Fragestunde

Ausschüsse · Tribüne für Diplomaten · FDP · CDU/CSU · SPD · Tribüne für die Presse

337 machen einen Kanzler

Für die Wahl des Kanzlers ist die Mehrheit der Bundestagsmitglieder nötig, die sogenannte Kanzlermehrheit. Das sind in der Regel bei 672 Parlamentariern 337 Abgeordnete Der Regierungschef braucht nicht nur das Vertrauen des Hauses, sondern muß von ihm ausdrücklich bestellt werden. Die konsequent parlamentarische Regierungsform der Bundesrepublik wird daran ganz besonders deutlich. Kanzler und Kabinett

gehen auch so gut wie ausnahmslos aus den Reihen des Bundestages selbst hervor. Sie sind, wie es ein Abgeordneter einmal bildhaft formuliert hat, „gewissermaßen der von der Bundestagsmehrheit aus seiner Mitte bestellte Hauptausschuß zum Zwecke des Regierens".

Was ist mit dem Sammelbegriff der parlamentarischen Demokratie gemeint?

Seine vielfältigen Aufgaben machen den Deutschen Bundestag zum Zentrum der Politik:

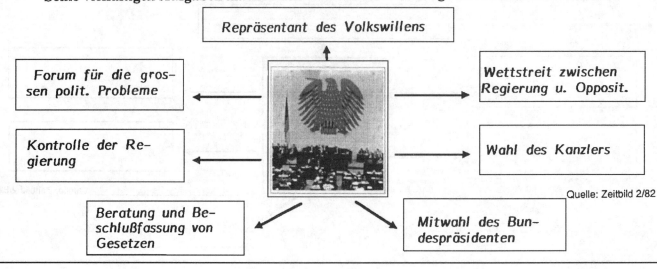

Repräsentant des Volkswillens

Forum für die grossen polit. Probleme

Wettstreit zwischen Regierung u. Opposit.

Kontrolle der Regierung

Wahl des Kanzlers

Beratung und Beschlußfassung von Gesetzen

Mitwahl des Bundespräsidenten

Quelle: Zeitbild 2/82

THEMA
Wie begann das politische Leben nach 1945 in der SBZ?

LERNZIELE

- Kennenlernen der Einführung der sozialistisch-kommunistischen Gesellschaftsordnung in der Sowjetzone
- Kennenlernen der Entstehung der Sozialistischen Einheitspartei Deutschlands
- Bewußtmachung der Umformung von Wirtschaft, Landwirtschaft und Gesellschaft

ARBEITSMITTEL/MEDIEN/LITERATURHINWEISE

Arbeitsblätter (3) mit Lösungen
Folien (Karte; Informationstexte)
Bilder

TAFELBILD/FOLIEN

<u>Wie begann das politische Leben nach 1945 in der SBZ?</u>

14. Juli 1945:   *Einheitsfront antifaschistisch-demokratischer Parteien (KPD, SPD, CDU, LDP)*

8.5.1945 Kapitulation

Oktober 1945:   *KPD und SPD in gemeinsamen Ausschüssen (Länder und Kreise der SBZ)*

- *SED = Einheitspartei*
- *Bodenreform*
- *Verstaatlichung des Bergbaus*
- *Währungsreform*

Ab November 1945:   *Redeverbot und Verhaftungen - KPD versucht, SPD-Anhänger in ihre Macht zu bekommen*

21. April 1946:   *Vereinigungsparteitag: KPD + SPD = SED*

<u>Merke:</u> In der sowjetisch-besetzten Zone Deutschlands wird eine sozialistisch-kommunistische Gesellschaftsordnung eingeführt. Währungsreform und Berlinblockade verschärfen die sich abzeichnende Spaltung Deutschlands.

Unterrichtsstufe Zielangabe	**METHODE**		**LERNINHALTE (STOFF)**	**ZEIT**
TZ und (TZ) Zusf.	Lehr / Lernakte	Medieneinsatz	Tafelanschrift (bzw. Folie)	

I. HINFÜHRUNG

Bildimpuls — Deutsche Fahne (schwarz-rot-gold) zerreißt – zwei deutsche Staaten

Z i e l f r a g e :

> **Wie entstehen zwei Staaten in Deutschland?**

II. ERARBEITUNG

1. T e i l z i e l — Die Einführung der sozialistisch-kommunistischen Gesellschaftsordnung in der Sowjetzone

L-Erzählung
Bild- und
Textquellen — Maßnahmen zur Umformung von Wirtschaft, Landwirtschaft und Gesellschaft.

2. T e i l z i e l — **Von der SBZ zur DDR**

Quellentexte
L-Erzählung
- Vorgeschichte der Gründung
- Verfassung
- Herrschaftssystem

Gesamtzusammenfassung:

TA 1/AB 1 — Wie begann das politische Leben nach 1945 in der SBZ?

3. T e i l z i e l — Grundzüge der Wirtschaftsordnung der DDR

Arbeit mit
Arbeitsblättern
Infoblatt — Wirtschaftssystem der DDR

- Vergleich Planwirtschaft - Soziale Marktwirtschaft
- Industrie und Handwerk in der DDR
- Zusammenfassung: Vgl. DDR-BRD/Pfeile)

Vertiefung (3. TZ)

Merkzettel
für Rund-
gespräch

Gesamtzusammenfassung:
TA 2/ AB 2 — Die Wirtschaftsordnung der DDR:

- Verstaatlichung von Industrie und Handel
- Kollektivierung der Landwirtschaft
- Zwangsmaßnahmen

III. VERTIEFUNG

Lesen der
entsprechenden
Geschichts-
buch — Kapitel

GESCHICHTE	Name	Klasse	Datum	Nr.

Wie begann das politische Leben in der SBZ?

8.5.1945 Kapitulation

Sowjetische Militärs setzen Verwaltungen ein

14. Juli 1945 _____

_____

Oktober 1945 _____

_____

Ab November 45 _____

_____

21. April 1946 _____

Wahlen - **SED =** _____

Rostock
Schwerin
Neubrandenburg
Berlin
Potsdam
Frankfurt
Magdeburg
Halle
Leipzig
Cottbus
Erfurt
Suhl
Karl-Marx-Stadt
Dresden
Gera

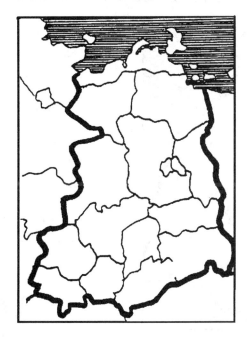

Neubildung der _____

_____ **reform**

_____ **des Bergbaus**

_____ **reform**

Deute jeweils mit Linien und Punkten an, wo die enzelnen Städte liegen!
Zeichne die Grenzen der DDR rot ein!

Nach und nach wird in der sowjetisch besetzten Zone Deutschlands eine _____

Gesellschaftsordnung eingeführt. _____ und _____ verschärfen

die sich abzeichnende Spaltung Deutschlands.

7. Oktober 1949:
Gründung der DDR

GESCHICHTE	Name	Klasse	Datum	Nr.

Wie begann das politische Leben in der SBZ?

8.5.1945 Kapitulation

Sowjetische Militärs setzen Verwaltungen ein

14. Juli 1945 *Einheitsfront antifaschistisch-demokratischer Parteien*

(KPD, SPD, CDU, LPD)

Oktober 1945 *KPD und SPD in gemeinsamen Ausschüssen*

(Länder und Kreise der SBZ)

Ab November 45 *Redeverbot und Verhaftungen -> KPD versucht, SPD-Anhänger in ihre*

Macht zu bekommen

21. April 1946 *Vereinigungsparteitag - KPD + SPD = SED (Sozialistische Einheitspartei*
                                                                      Deutschlands)

Wahlen - SED = *Einheitspartei*

Rostock
Schwerin
Neubrandenburg
Berlin
Potsdam
Frankfurt
Magdeburg
Halle
Leipzig
Cottbus
Erfurt
Suhl
Karl-Marx-Stadt
Dresden
Gera

Neubildung der *SBZ*

Boden reform

Verstaatlichung des Bergbaus

Währungs reform

Deute jeweils mit Linien und Punkten an, wo die enzelnen Städte liegen!
Zeichne die Grenzen der DDR rot ein!

Nach und nach wird in der sowjetisch besetzten Zone Deutschlands eine *sozialistisch-kommunist.*

Gesellschaftsordnung eingeführt. *Währungsreform* und *Berlinblockade* verschärfen

die sich abzeichnende Spaltung Deutschlands.

7. Oktober 1949: Gründung der DDR

Die Wirtschaftsordnung der DDR im Vergleich

Sozialistische Planwirtschaft	Soziale Marktwirtschaft
große Betriebe, große Anbauflächen, hohe Spezialisierung	kleinere und mittlere Betriebe, geringe Spezialisierung
staatliche Festpreise Produktion nach Plansoll	Angebot und Nachfrage regeln den Preis
unselbständige Landarbeiter	selbständige Landwirte
Staatseigentum (Enteignung) Genossenschaftseigentum	Privateigentum an Produktionsmitteln
Entlohnung durch Genossenschaft, kein persönliches Risiko	Gewinn nach Ertrag, Ernterisiko
Urlaub, Arbeitszeit nicht geregelt	LPG-Mitglieder sind den Industriearbeitern sozial gleichgestellt
staatliche Zentrale erläßt Wirtschaftspläne	freier Wettbewerb, Eigeninitiative

Grundzüge der DDR Wirtschaft nach 1945:	
	1) Verstaatlichung von Industrie und Handel
	2) Kollektivierung der Landwirtschaft
	3) Zwangsmaßnahmen

Die Bundesrepublik Deutschland ist wirtschaftlich	welche Arbeitsleistung zu erbringen ist
Eine Arbeitsnorm legt fest	der EG (Europäischen Gemeinschaft) angeschlossen
Die Arbeitsnormen setzt die	Planungskommission fest
Landwirtschaftliche Produktionsgenossenschaft	Produktionsmittel (Eigentum wird Gemeinschaftseigentum)
Sozialisierung ist die Vergesellschaftung der	Gemeinsame Bewirtschaftung landwirtschaftlichere Güter
Die DDR ist wirtschaftlich dem	COMECON oder RWG (Rat für gegenseitige Wirtschaftshilfe) angeschlossen

Informationsblatt für ein Rundgespräch

Das Wirtschaftssystem in der DDR

(1945 - 1990)

1. Vorteile der Sozialierung der Landwirtschaft in der DDR:
   - Geringeres persönliches Risiko
   - geregelte Arbeitsbedingungen
   - oft rationelle Produktionsmethode

2. Nachteile unserer Landwirtschaft

   _____

   _____

   _____

3. Nachteile der Sozialisierung der Landwirtschaft in der DDR:
   - Häufig schlechte Bodenausnutzung
   - hohe Spezialisierung vermindert Arbeitsfreude
   - wenig Eigeninitiative möglich
   - Mangel an Arbeitskräften
   - Produktion und Befriedigung derBedürfnisse oft gestört

4. Vorteile unserer Landwirtschaft:

   _____

   _____

   _____

Und so wirkte sich das Wirtschaftssystem auf die Bürger aus:

Preise und Kaufkraft

Waren bzw. Leistungsart	Menge-Einheit	Einzelhandelspreise, Gebühren und Tarife		Zum Kauf erforderliche Arbeitszeit (Std.:Min.)	
Industriewaren		DM	M	BR Deutschl	DDR
Herrenoberhemd, Kunstfaser	Stck.	19,90	46,80	2:06	10:24
Herrenstraßenschuhe, Rindbox	Paar	45,90	59,50	4:51	13:13
Herrenanzug, einreihig, Kunstfaser	Stck.	189,00	265,00	20:00	58:53

Dienstleistungen

Elektrischer Strom	75 kWH	21,40	8.00	12:16	1:47
Einsenbahnwochenkarte, 2.Kl.	15 km	13,00	2.50	1:23	0:33
Straßenbahn-, Omnibusfahrt	1 Fahrt	1,20	0,20	0:08	0:03
Briefporto im Fernverkehr	20g-Brf.	0,50	0,20	0:03	0:03
Ortsgespräch in öff. Sprechstelle	1 Gespr.	0,20	0,20	0:01	0:03
Ton- u. Fernseh-Rundfunkgebühr	monatl.	10,50	10.00	1:07	2:13
Tageszeitungen, Abonnement	monatl.	11,70	3,50	1:14	0:47

Nahrungs- und Genußmittel

Roggen-Mischbrot	1 kg	2,20	0,52	0:14	0:07
Weizenmehl, Typ W 405	1 kg	1,20	1,32	0:08	0:18
Zucker, Raffinade, gepackt	1 kg	1,65	1,64	0:10	0:22
Deutsche Markenbutter	1 kg	9,00	10,00	0:57	2:13
Margarine, Spitzensorte^1 kg	4,00	4,00	0:25	0:53	
Eier	Stck.	0,26	0,34	0:02	0:05

GESCHICHTE	Name	Klasse	Datum	Nr.

Die Wirtschaftsordnung der DDR

1. Mit der Teilung Deutschlands entwickelten sich in BRD und DDR jeweils unterschiedliche Wirtschaftsordnungen, die soziale Marktwirtschaft und die sozialistische Planwirtschaft. Die DDR erstrebt den Aufbau einer „klassenlosen Gesellschaft"; zu diesem Zweck wurden die vormals privaten Unternehmen weitgehend enteignet und in volkseigene Betriebe übergeführt. Die Warenverteilung regeln staatlich verwaltete Handesorganisationen (HO). Die DDR will durch staatliche Planung wirtschaftlichen Fortschritt erreichen. Diese zentrale Planwirtschaft wird auch „Befehlswirtschaft" genannt.
Unsere soziale Marktwirtschaft in der BRD vertraut auf die Initiative des Einzelmenschen, sein Gewinnstreben, und bejaht Privateigentum. Wirtschaftlicher Fortschritt wird vor allem durch den Wettbewerb erreicht. Die Preise regeln sich weitgehend nach Angebot und Nachfrage.

DDR-Umstrukturierung der Landwirtschaft:

	Sozialisierte Betriebe	Privat-betriebe
1950	~ 6%	~ 94%
1960	~ 92%	~
1970	~	~ 6%

2. Selbständige und sozialisierte Landwirtschaft
Ordne die Merkmale richtig ein (s. Info-Blatt)!

	Selbständige Landwirtschaft	Sozialisierte Landwirtschaft
Wirtschafts-system	soziale ___	zentrale *(zentralistische)* ___
Besitzver-hältnisse	___ an Produktionsmitteln	___eigentum ___ eigentum
Grundidee	freie ___ Eigeninitiative	staatliche Zentrale erläßt ___
Abhängigkeit d. Landwirts	___ Landwirte	___ Landwirte
Produktions-weise	kleinere ___ geringe ___	große ___ und ___- flächen, hohe ___
Einkommen	___ am Ertrag	Entlohnung durch ___ ___ kein persönl. ___
Preisbildung Warenangebot	___ und ___ regeln den ___	staatliche ___ Produktion nach ___
Soziale Sicherheit	Urlaub und Arbeitszeit sind ___ geregelt	LPG-Mitglieder sind den ___ gleichgestellt

3. Während ___ und ___ keinen Privatbesitz in der DDR mehr kannten, gab es dort noch ca. ___ % private Handwerksbetriebe. Die VEBs (___) produzierten nach ___ ___ Auch die halbstaatlichen Industriebetriebe unterlagen der Planung.

GESCHICHTE	Name	Klasse	Datum	Nr.

Die Wirtschaftsordnung der DDR

1. Mit der Teilung Deutschlands entwickelten sich in BRD und DDR jeweils unterschiedliche Wirtschaftsordnungen, die soziale Marktwirtschaft und die sozialistische Planwirtschaft. Die DDR erstrebt den Aufbau einer „klassenlosen Gesellschaft"; zu diesem Zweck wurden die vormals privaten Unternehmen weitgehend enteignet und in volkseigene Betriebe übergeführt. Die Warenverteilung regeln staatlich verwaltete Handesorganisationen (HO). Die DDR will durch staatliche Planung wirtschaftlichen Fortschritt erreichen. Diese zentrale Planwirtschaft wird auch „Befehlswirtschaft" genannt.
Unsere soziale Marktwirtschaft in der BRD vertraut auf die Initiative des Einzelmenschen, sein Gewinnstreben, und bejaht Privateigentum. Wirtschaftlicher Fortschritt wird vor allem durch den Wettbewerb erreicht. Die Preise regeln sich weitgehend nach Angebot und Nachfrage.

DDR-Umstrukturierung der Landwirtschaft:

	Sozialisierte Betriebe	Privatbetriebe
1950	~ 6%	~ 94%
1960	~ 92%	~
1970	~	~ 6%

2. Selbständige und sozialisierte Landwirtschaft
Ordne die Merkmale richtig ein (s. Info-Blatt)!

	Selbständige Landwirtschaft	Sozialisierte Landwirtschaft
Wirtschaftssystem	soziale *Marktwirtschaft*	zentrale *(zentralistische) Planwirtschaft*
Besitzverhältnisse	*Privateigentum* an Produktionsmitteln	*Staats*eigentum *Genossenschafts*eigentum
Grundidee	freie *Wettbewerb* Eigeninitiative	staatliche Zentrale erläßt *Wirtschaftspläne*
Abhängigkeit d. Landwirts	*selbständige* Landwirte	*unselbständige* Landwirte
Produktionsweise	kleinere *Betriebe* geringe *Spezialisierung*	große *Betriebe* und *Anbau*flächen, hohe *Spezialisierung*
Einkommen	*Gewinn* am Ertrag *Ernterisiko*	Entlohnung durch *Genossenschaft* kein persönl. *Risiko*
Preisbildung Warenangebot	*Angebot* und *Nachfrage* regeln den *Preis*	staatliche *Festpreise* Produktion nach *Plansoll*
Soziale Sicherheit	Urlaub und Arbeitszeit sind *nicht* geregelt	LPG-Mitglieder sind den *Industrie*arbeitern gleichgestellt

3. Während *Landwirtschaft* und *Industrie* keinen Privatbesitz in der DDR mehr kannten, gab es dort noch ca. *60* % private Handwerksbetriebe. Die VEBs (*Volkseigene Betriebe*) produzierten nach *staatlichen Fünfjahresplänen* Auch die halbstaatlichen Industriebetriebe unterlagen der Planung.

GESCHICHTE	Name		Klasse	Datum	Nr.

„Das Wirtschaftssystem der DDR" (1945 - 1990)

1. Die Landwirtschaft in der DDR:

Sozialistische Planwirtschaft ◯ = rot	Soziale Marktwirtschaft ◯ = blau
kleinere u. mittlere Betriebe, geringe Spezialisierung	große Betriebe, gr. Anbauflächen, hohe Spezialisierung
staatliche Festpreise Produktion nach Plansoll	Angebot und Nachfrage regeln den Preis
unselbständige Landarbeiter	selbständige Landwirt·
Privateigentum an Produktionsmitteln	Staatseigentum (Enteignung) Genossenschaftseigentum
Gewinn nach Ertrag, Ernterisiko	Entlohnung d. Genossenschaft, kein persönl. Risiko
Urlaub, Arbeitszeit nicht geregelt	LPG-Mitglieder sind den Industrie-arbeitern sozial gleichgestellt
staatl. Zentrale erläßt Wirtschaftspläne	freier Wettbewerb, Eigeninitiative

2. Industrie in der DDR:

Alle Betriebe sind zu verstaatlichen und nennen sich Volkseigene Betriebe (VEB). VEBs produzieren nach Plänen. Diese Pläne werden durch den Staat für jeweils fünf Jahre erstellt. Aufgrund dieser Pläne werden jedem VEB Art und Höhe der Produktion zugewiesen. Heute sind 90 % aller Betriebe in der DDR verstaatlicht; die restlichen 10 % sind halbstaatlich (auch die halbstaatl. Betriebe unterliegen der Planung).

3. Handwerk in der DDR:

Vergenossenschaftlichte und private Handwerksbetriebe stehen nebeneinander; es wird jedoch auch hier angestrebt, alle Handwerksbetriebe in den staatlichen Besitz zu überführen. Neben den ca. 60 % Privat-Handwerksbetrieben gibt es die sog. Produktionsgenossenschaften Handwerk (PGH).

4.

Die Bundesrepublik Deutschland ist wirtschaftlich	welche Arbeitsleistung zu erbringen ist
Eine Arbeitsnorm legt fest	der EG (Europäischen Gemeinschaft) angeschlossen
Die Arbeitsnormen setzt die	Planungskommission fest
Landwirtschaftliche Produktions-genossenschaft	Produktionsmittel (Eigentum wird Gemeinschaftseigentum)
Sozialisierung ist die Ver-gesellschaftung der	Gemeinsame Bewirtschaftung landwirtschaftliche Güter
Die DDR ist wirtschaftlich dem	COMECON oder RWG (Rat für gegenseitige Wirtschaftshilfe) angeschlossen

Was die KPD tatsächlich anstrebte

Ulbricht auf der 1. Reichskonferenz der KPD:

Es sollen „Die Betriebe der Kriegsinteressenten den Landesverwaltungen übereignet" und Privatbanken durch „Landesbanken" ersetzt werden. „Die Grundlage des neuen Deutschland ist die Enteignung des Großgrundbesitzes ... die Schaffung demokratischer Bauernorgane, die im Dorf bestimmen", und in der Industrie „das volle Mitbestimmungsrecht der Betriebsräte und Gewerkschaften ... Wirtschaftsplanung". Er deutet schon das als „Demokratisierung" bezeichnete Verfahren ... an. - „Wir sind also der Meinung, daß Demokratie nicht bedeutet, daß alle Kräfte die Möglichkeit haben, sich zu organisieren." Man fragt: 'Werdet ihr in der sowjetisch besetzten Zone auch Wahlen durchführen?' Wir sagen: Jawohl ... wir werden sie so durchführen, daß unter Garantie in allen Städten und Orten eine Arbeitermehrheit zustande kommt."

BfGdF (Hsg.) SBZ von 1945 bis 1954, Bonn/Berlin 1956, S. 39 f.

Vereinigungsparteitag von KPD und SPD

Der Sechziger-Ausschuß der KPD und SPD setzt für den 21. bis 22. April 1946 einen Kongreß für die Vereinigung der beiden Parteien an. - Der Widerstand, den weite Kreise in der SPD dieser Art Fusion mit der KPD entgegensetzen, wird seitens der SMAD mit allen Mitteln erstickt. Die SMAD gibt vor, in einer Sozialistischen Einheitspartei würden SPD und KPD völlig gleichgestellt sein. Sie fordert aber von Anfang an für die KPD, trotz deren erheblich geringerer Mitgliederzahl, paritätische Besetzung aller Parteiämter.

„Gesetz über die Überführung von Bergwerken und Bodenschätzen in das Eigentum des Landes Sachsen"

Landtagsbeschluß vom 8. Mai 1947:

„Alle bergbaulichen Unternehmen im Lande Sachsen, die sich mit der Gewinnung von Steinkohle, Braunkohle, Erz, Koks und Brikettierungsprodukten befassen, sowie alle unmittelbar mit diesen Unternehmen verbundenen Nebenbetrieben werden mit ihrem gesamten Vermögen ... und allen Einrichtungen ... enteignet, sie gehen in das Eigentum des Landes Sachsen über."

BfGdF (Hgb.) SBZ von 1945 - 1954, Bonn/Berlin 1956, S. 63

Die ehemalige Sowjetische Besatzungszone (SBZ) heißt seit 1949 „Deutsche Demokratische Republik" (DDR). Unter dem Begriff „Demokratie" versteht man dort etwas anderes als bei uns im Westen. Das zeigt uns der Artikel 1 der Verfassung der DDR:
„Die Deutsche Demokratische Republik ist ein sozialistischer Staat deutscher Nation. Sie ist die politische Ordnung der Werktätigen in Stadt und Land, die gemeinsam unter Führung der Arbeiterklasse und ihrer marxistisch-leninistischen Partei den Sozialismus verwirklichen."
In der Verfassung ist also schon von vornherein festgeschrieben, daß die Sozialistische Einheitspartei (SED) den Staat führt. Wahlen dienen letztlich nur zur Bestätigung der SED-Führung. Diese Regierungsform wird im Westen als Diktatur bezeichnet.

Literatur: Ackermann/Protzner, Wurzeln unserer Gegenwart 5, Kulmbach o.J. (Baumann/Ehrenwirth)

THEMA

Warum war der 17. Juni unser Nationalfeiertag?

LERNZIELE

- Kennenlernen der Gründe für die Unruhe unter der Bevölkerung der DDR
- Darstellung des Ablaufs der Ereignisse am 16. und 17. Juni 1953
- Erkenntnis, daß sich wirtschaftliche Unzufriedenheit und Verlangen nach politischer Freiheit vermischten
- Stellungnahme zum Vorgehen der Sowjets in Ostberlin, Ungarn (1956) und der CSSR (1969)

ARBEITSMITTEL/MEDIEN/LITERATURHINWEISE

Arbeitsblätter (2) mit Lösungen
Folien (Karikatur; Informationstexte)
Bilder

TAFELBILD/FOLIEN

Warum war der 17. Juni unser Nationalfeiertag?

Lage in der DDR 1953:	16.6.1953	17.6.1953
Unzureichende Versorgung der Bevölkerung	● Arbeiter in Ostberlin protestieren und verweigern die Arbeit	● Demonstrationen
Politischer Druck	● Ruf nach Freiheit	● Übergriffe gegen Parteilokale
Mai 1953: Erhöhung der Arbeitsnormen um 10% bei gleichem Lohn	● Übergreifen auf das ganze Land	● mit Stangen und Steinen gegen russische Panzer
		● Volksaufstand bricht zusammen

1. Volksaufstand am 17. Juni 1953 in Mitteldeutschland. Sowjetische Panzer auf der Leipziger Straße in Ost-Berlin (Demonstranten unkenntlich gemacht)

Sowjetische Panzer, die der SED-Regierung zu Hilfe kommen, werden von Ostberliner Bauarbeitern mit Steinen beworfen

METHODE Unterrichtsstufe (Teil) Zielangabe und (Teil) Zusammenfassung Lehr / Lernakte Medieneinsatz	LERNINHALTE (STOFF) Tafelanschrift (bzw. Folie)	ZEIT
I. MOTIVATION TA Einbringen des Vorwissens PA Seitentafel Problemfrage	17. Juni – 4. Oktober Warum war der 17. Juni unser National-feiertag?	
II. VERGEGENWÄRTIGUNG **1. TZ:** Situation in der DDR 1953 L.-darstellung **Teilwiederhlg.** TA **2. TZ:** Die Ereignisse am 16./17. Juni 1953 EA KG **Teilwiederhlg. Bilder**	Zentrale Planwirtschaft – Wirtschaftsaus-bau nach Siebenjahresplänen – Versorgung der Bevölkerung dürftig und unzureichend, Lebensmittelkarten bis 1958 – Alljährlich fliehen Tausende von Ostdeutschen in die Bundesrepublik – Mai 1953: Regierung der DDR erhöht die Arbeitsnormen bei gleich-bleibendem Lohn um 10%. Im Juni 1953 war die Unzufriedenheit besonders groß. Festhalten der wesentlichen Aspekte an der Tafel Augenzeugenbericht oder Zeitungstext Herausarbeiten des Ablaufs der Ereignisse in groben Zügen Mit Steinen gegen Panzer	
III. BESINNUNG 3.1 Denkende Besinnung Karte 3.2 Wertende Besinnung TA	– Beim Aufstand brach sehr bald das eigentliche Motiv durch! Wirtschaftliche Unzufriedenheit –> Ruf nach Freiheit – Der Aufstand breitete sich als Volksauf-stand in wenigen Stunden fast über die gesamte DDR aus. Gründe? – Freiheitsbewegungen werden von den Sowjets brutal niedergeschlagen 1953: DDR 1956: Ungarn 1968: CSSR	

GESCHICHTE	Name	Klasse	Datum	Nr.

<u>Warum war der 17. Juni unser Nationalfeiertag?</u>

1. Beschreibe in Stichpunkten die Situation, die im Juni 1953 zum Volksaufstand in der DDR führte!

_____

_____

2. Formuliere mögliche Forderungen der Ostberliner Arbeiter!

_____

_____

_____

3. Beschreibe in Stichpunkten die Ereignisse am 16. und 17. Juni 1953!

_____

_____

_____

4. Ergebnis des Aufstandes:

„In den Tages des Aufstander wurden etwa 270 Menschen getötet. 89 Männer ließen ihr Leben unter den Salven der sowjetischen sowjetzonalen Hinrichtungskommandos. 52 Volkspolizisten und 23 Sowjetsoldaten wurden hingerichtet, weil sie sich geweigert hatten, auf wehrlose Menschen zu schießen. Mehr als 1000 Jahre Zwangsarbeit und Zuchthaus verhängte man allein in öffentlichen Gerichtsverhandlungen über Arbeiter, die am Aufstand beteiligt waren. Jedoch kennen wir keine Zahlen über die Opfer, die nach dem Juni-Aufstand noch in den Zuchthäusern und Vernehmungskellern sterben mußten."

(Unser Weg durch die Geschichte 3)

a) Notiere die wesentlichen Ergebnisse:

_____

_____

b) Für welche „Verbrechen" wurden diese Menschen bestraft?

_____

_____

5. So berichtete die kommunistische Seite über die Vorgänge am 16./17. Juni:

„Die in der DDR stationierten sowjetischen Truppen durchkreuzten durch ihr entschlossenes Eingreifen die Absicht des Imperialismus, blutige Auseinandersetzungen zu provozieren, die den Westmächten als Anlaß für eine militärische Intervention dienen sollten. Im Geiste des proletarischen Internationalismus traten Seite an Seite Einheiten der Sowjetarmee, der Schutz- und Sicherheitsorgane der DDR, klassenbewußte Arbeiter und andere Werktätige den Putschisten entgegen und setzten ihrem Wüten ein Ende. Ernüchtert durch den faschistischen Terror und die offen verkündeten konterrevolutionären Ziele der Putschisten, wandte sich die Mehrheit der irregeleiteten Werktätigen bald von ihnen ab und begann zu erkennen, daß sie gegen ihre eigenen Interessen gehandelt hatte. Unter Führung der Parteiorganisationen der SED entfernten die klassenbewußten Arbeiter feindliche Elemente aus ihren Betrieben und halfen den Sicherheitsorganen bei der Zerschlagung zahlreicher Agentengruppen."

Welche Bezeichnungen werden verwendet

- für die Aufständischen? _____

Es begann mit dem Protestmarsch der Arbeiter

- für die Kräfte, die den Aufstand bekämpften?

_____

6. Suche Beispiele dafür, daß auch heute Völker von fremden Mächten unterjocht werden:

_____

GESCHICHTE	Name	Klasse	Datum	Nr.

Warum war der 17. Juni unser Nationalfeiertag?

1. Beschreibe in Stichpunkten die Situation, die im Juni 1953 zum Volksaufstand in der DDR führte!

Unzureichende Versorgung der Bevölkerung – politischer Druck – Erhöhung der Arbeitsnormen um 10 Prozent bei gleichem Lohn

2. Formuliere mögliche Forderungen der Ostberliner Arbeiter!

Zurücknahme der Erhöhung der Arbeitsnormen – bessere Arbeitsbedingungen – Abzug der sowjetischen Armee – mehr politische Freiheit - freie und geheime Wahlen

3. Beschreibe in Stichpunkten die Ereignisse am 16. und 17. Juni 1953!

Arbeiter in Ostberlin protestieren und verweigern die Arbeit – Ruf nach Freiheit – immer größere Demonstrationen – Übergriffe gegen Parteilokale – russische Panzer walzen den Aufstand nieder

4. Ergebnis des Aufstandes:

„In den Tages des Aufstander wurden etwa 270 Menschen getötet. 89 Männer ließen ihr Leben unter den Salven der sowjetischen sowjetzonalen Hinrichtungskommandos. 52 Volkspolizisten und 23 Sowjetsoldaten wurden hingerichtet, weil sie sich geweigert hatten, auf wehrlose Menschen zu schießen. Mehr als 1000 Jahre Zwangsarbeit und Zuchthaus verhängte man allein in öffentlichen Gerichtsverhandlungen über Arbeiter, die am Aufstand beteiligt waren. Jedoch kennen wir keine Zahlen über die Opfer, die nach dem Juni-Aufstand noch in den Zuchthäusern und Vernehmungskellern sterben mußten."

(Unser Weg durch die Geschichte 3)

a) Notiere die wesentlichen Ergebnisse:

Etwa 270 Tote – 89 Männer wurden hingerichtet – Zwangsarbeit und Zuchthaus für Demonstranten

b) Für welche „Verbrechen" wurden diese Menschen bestraft?

Diese Menschen wurden bestraft, weil sie eigentlich völlig berechtigte demokratische Forderungen stellten.

5. So berichtete die kommunistische Seite über die Vorgänge am 16./17. Juni:

„Die in der DDR stationierten sowjetischen Truppen durchkreutzen durch ihr entschlossenes Eingreifen die Absicht des Imperialismus, blutige Auseinandersetzungen zu provozieren, die den Westmächten als Anlaß für eine militärische Intervention dienen sollten. Im Geiste des proletarischen Internationalismus traten Seite an Seite Einheiten der Sowjetarmee, der Schutz- und Sicherheitsorgane der DDR, klassenbewußte Arbeiter und andere Werktätige den Putschisten entgegen und setzten ihrem Wüten ein Ende. Ernüchtert durch den faschistischen Terror und die offen verkündeten konterrevolutionären Ziele der Putschisten, wandte sich die Mehrheit der irregeleiteten Werktätigen bald von ihnen ab und begann zu erkennen, daß sie gegen ihre eigenen Interessen gehandelt hatte. Unter Führung der Parteiorganisationen der SED entfernten die klassenbewußten Arbeiter feindliche Elemente aus ihren Betrieben und halfen den Sicherheitsorganen bei der Zerschlagung zahlreicher Agentengruppen."

Welche Bezeichnungen werden verwendet

Es begann mit dem Protestmarsch der Arbeiter

- für die Aufständischen? *Putschisten, feindliche Elemente*
- für die Kräfte, die den Aufstand bekämpften?

Sowjetarmee, Schutz-u. Sicherheitsorg., klassenbew. A.

6. Suche Beispiele dafür, daß auch heute Völker von fremden Mächten unterjocht werden:

Tschetschenien-Konflikt, Serben-Kroaten-Konflikt, Tibet durch China

BERLINER MORGENPOST

15 Pf. AUSWÄRTS 20 PFENNIG

Die Berliner Morgenpost erscheint täglich außer nach Sonn- u. Feiertagen. Abonnementspreis bei Lieferung frei Haus monatl. 3,45 DM oder wöchentl. 80 Pf., ausw. bei Postbez. monatl. 2,91 DM zuzügl. 54 Pf. Zustellgeld. Bei unverschuldetem Ausfall d. Lieferung kein Ersatzanspruch. Verlag, Redaktion, Anzeigen- u. Vertrieb: Ullstein A.G., Bln.-Tempelhof, Mariendorfer Damm 1/3, Tel. 75 02 31. Fernschr. 018 506. Abonnements- u. Anzeigenannahme i. Verlags-

MITTWOCH, 17. JUNI 1953

✳ 56. Jahrgang — Nummer 138 ✳

haus u. i. allen Morgenpost-Filialen, u. a. Goebenstr. 4, Tel. 24 82 81, Charlottenbg. Savignypl. 3, Tel. 32 24 96, Bismarckstr. 67, Tel. 34 24 97, Friedenau, Rheinstr. 66, Tel. 83 53 10, Halensee, Margaret-Albrecht-Str. 10, Tel. 97 83 07, Spandau, Klosterstr. 5 a, Tel. 37 54 49, Wilmersdorf, Uhlandstr. 96, Tel. 87 24 14, Alt Moabit 107, Tel. 39 37 05, sowie Schmargendorf, Kaiberger Pl. 6, Tel. 87 83 43. Bank: Berliner Bank AG., Dep.-K. 27, Postsch.: Berlin West 123.

Offene Rebellion in Ostberlin

Aufruf zum Generalstreik
SED-Regierung soll abtreten

Eigene Berichte　　　　　Berlin, 17. Juni

Zum ersten Male nach dem Kriege war Ostberlin gestern Schauplatz einer offenen Auflehnung gegen die sowjetzonalen Unterdrückungsmethoden. Was kaum jemand für möglich gehalten hätte, ereignete sich an diesem Tage: vor dem Regierungsgebäude, dem ehemaligen Luftfahrtministerium in der Leipziger Straße, kam es zwischen empörten Arbeitern und Mitgliedern der Sowjetzonenregierung zu turbulenten Szenen, die einem Volksaufstand glichen.

Nach Demonstrationen, die fast den ganzen Tag über anhielten und der Sowjetzonenregierung klar zu verstehen gaben, daß sie abtreten solle und daß die Geduld der Bevölkerung erschöpft sei, riefen Tausende von Arbeitern auf dem Alexanderplatz durch einen „erbeuteten" Lautsprecherwagen des FDGB zu einem Generalstreik auf. Sie baten alle ihre Kollegen, heute morgen um 7 Uhr früh auf dem Strausberger Platz zu einer Massenkundgebung zu erscheinen.

Tausende von Ostberliner Bauarbeitern, die in der früheren Frankfurter Allee, der heutigen Stalin-Allee, damit beschäftigt sind, die „erste sozialistische Straße Deutschlands" zu errichten, legten am Vormittag um 11 Uhr aus Protest gegen die anbefohlene Normenerhöhung um zehn Prozent die Arbeit nieder und marschierten in ihrer Arbeitskleidung in einem immer größer werdenden Demonstrationszug durch Ostberlin zum „Regierungsviertel". Die Arbeiter gingen in ungeordneter Formation, die fast die ganze Straßenbreite füllte. Während die Bevölkerung zunächst an eine der üblichen Demonstrationen glaubte und deswegen achtlos weiterging, verharrte sie später, fast ungläubig auf das ungewohnte Bild einer Kundgebung gegen die SED blickend, am Straßenrand. Immer mehr Menschen schlossen sich dem Zug an. Zum allgemeinen Erstaunen griff die Volkspolizei nicht ein.

„Wir wollen keine Sklaven sein"

Gegen 15 Uhr war der Demonstrationszug, der inzwischen auf über 5000 Arbeiter angewachsen war, vor dem kommunistischen Regierungsgebäude in der Wilhelm-, Ecke Leipziger Straße angelangt. Tausende von Arbeitern riefen hier in Sprechchören: „Wir wollen keine Sklaven sein — Fort mit der Normenerhöhung — Die HO macht uns toll — Keine Volksarmee — wir brauchen Butter!"

Der Vorplatz des Regierungsgebäudes war schwarz von Menschen. Erstaunt und ratlos blickten zahlreiche Sowjetzonenfunktionäre aus den Fenstern auf die Demonstranten herab. Als die Parolen immer lauter ertönten, zeigten sich schließlich der stellvertretende Sowjetzonenministerpräsident Rau und Minister Selbmann an einem Fenster. Aber die Demonstranten wollten keinen der beiden sprechen. „Ulbricht oder Grotewohl" sollten nach ihrem Willen erscheinen. „Wir bestimmen, wen wir hören wollen", war die Antwort auf Versuche einzelner Funktionäre, Selbmann Gehör zu verschaffen. Weder Grotewohl noch Ulbricht erschienen. Selbmann bestieg schließlich inmitten der Massen einen Tisch, wurde jedoch minutenlang daran gehindert, zu sprechen. Als er besänftigend meinte,

er sei auch nur ein Arbeiter, schallte ihm der tausendstimmige Ruf entgegen: „Das hast du aber vergessen." Selbmann sagte, er halte die Demonstrationen gegen die Normenerhöhung in der Stalinallee für berechtigt. Aber auch dieses Argument verfing nicht. Die Menge schrie aufgebracht: „Wir sind nicht gegen die Normen in der Stalinallee, wir sind gegen die Normen in ganz Deutschland. Wir wollen freie Wahlen."

Das ist eine Volkserhebung

Immer wieder ertönte Sprechchöre der Tausende. Ein Arbeiter in weißer Maurerhose und mit entblößtem Oberkörper sprang neben Selbmann auf den Tisch, schob ihn beiseite und rief: „Was Du uns hier erklärt hast, interessiert uns gar nicht. Wir wollen frei sein. Unsere Demonstration geht nicht gegen die Normen. Wir kommen nicht nur von der Stalinallee. Wir sind ganz Berlin." Unter dem tosenden Jubel seiner Kollegen stellte der Arbeiter fest: „Das ist hier eine Volkserhebung." Neue Versuche Selbmanns, zu Worte zu kommen, wurden mit Rufen, wie „Verschwinden, abtreten. Ihr müßt alle zurücktreten" quittiert.

Eine Delegation der Demonstranten, die der Sowjetzonenregierung eine Resolution unterbreiten wollte, wurde nicht vorgelassen. Die Forderungen der Arbeiter wurden daher später durch den RIAS veröffentlicht. Sie lauten: 1. Auszahlung der Löhne nach den alten Sätzen; 2. sofortige Senkung der Lebenshaltungskosten; 3. freie und geheime Wahlen; 4. keine Maßregelung von Streikenden und ihren Sprechern. Von der Erfüllung dieser Forderungen wollen die Streikenden die Arbeitsaufnahme abhängig machen.

Die SED kapituliert

Später ließ das Politbüro der SED durch Lautsprecherwagen verkünden, daß die Sowjetzonenregierung die Normenerhöhung wieder rückgängig machen werde. Eine Normenerhöhung, so hieß es, dürfe nicht mit administrativen Methoden, sondern nur auf der Basis der Freiwilligkeit eingeführt werden. Gleichzeitig aber vertrat das Politbüro die Auffassung, daß die Arbeitsproduktion verbessert werden müsse, damit der Lohn der Arbeiter, die ihre Normen erhöht hätten, gesteigert werden könnte.

„Verschwindet, ihr Bonzen!"

Im Anschluß an die Zwischenfälle vor dem kommunistischen „Regierungsgebäude" zogen die Demonstranten über den Alexanderplatz zurück in Richtung Stalinallee. Dabei kam es zu tumultartigen Zusammenstößen

zwischen den Arbeitern und „Aufklärern" der SED. Bei diesen Zwischenfällen wurden mehrere Personen verletzt. „Verschwindet hier, ihr Bonzen, ihr habt den Kontakt mit den Massen verloren und euch nur an unserem Geld gemästet", klang es den Agitatoren entgegen. Die Demonstrationen im Ostsektor dauerten am späten

Abend noch immer an. Hunderte von Ostberliner Jungarbeitern, begleitet von älteren Kollegen, Frauen und anderen Ostberliner Einwohnern, rissen in der Stalinallee kommunistische Transparente und Plakate ab, zertrümmerten Embleme der Gesellschaft für deutsch-sowjetische Freundschaft und warfen sie weg. (Forts. S. 2)

AUFBRUCH DER ARBEITER von Ostberlin: Mit 80 Mann, Bauarbeitern aus der kommunistischen Propagandastraße „Stalinallee", die gegen eine Erhöhung ihrer Arbeitsnormen protestierten, begann es. Zunächst war der Demonstrationszug, als er sich in Richtung Alexanderplatz bewegte, noch dünn (unser Bild). An jeder Straßenecke aber stießen neue Gruppen und Grüppchen von Menschen dazu, von Menschen, die alle das gleiche dachten, das gleiche wollten; einmal ihren Bedrückern zeigen, daß der Bogen überspannt ist. Und am Ende des gestrigen Tages war ganz Berlin. Aus 80 Arbeitern waren viele Tausende geworden. (Foto: XYZ)

Erste Reaktion des Westens

Heute Sympathiekundgebung der Westberliner Bevölkerung

Deutsche Presse-Agentur/AP　　Berlin, 17. Juni

Nach Bekanntwerden der Demonstrationen in Ostberlin richtete Bundesminister Jakob Kaiser die Mahnung an die Einwohner Ostberlins und der Sowjetzone, sich weder durch Not noch durch Provokationen in Gefahr zu bringen. Der Landesvorstand der Berliner SPD beschloß, „mit allen zu Gebote stehenden Mitteln den Freiheitskampf der unterdrückten Mitbürger im Osten auch in seiner neuen Phase zu unterstützen." Auf dem Oranienplatz in Kreuzberg soll die Westberliner Bevölkerung heute um 18 Uhr in einer Kundgebung ihre Sympathie mit den Demonstranten demonstrieren.

Der Berliner CDU-Fraktionsvorsitzende Ernst Lemmer meinte, die Unzufriedenheit der Bevölkerung im

Osten sei verständlich. Erst die Entwicklung der nächsten Tage werde aber die echte Bedeutung der Vorfälle in Ostberlin zeigen. Der Vorsitzende der Berliner FDP, Carl-Hubert Schwennicke, bezeichnete die Ereignisse in Ostberlin als sichtbare Folge einer Politik der Unterdrückung.

Die Bundesregierung hat sofort genaue Informationen über die Demonstrationen in Ostberlin angefordert. Ein Regierungssprecher erklärte, die Demonstration zeige die ganze Unhaltbarkeit des Sowjetregimes. Außerdem beweise sie, wie unsicher die Haltung der SED-Führung geworden sei. Die Machthaber der Sowjetzone sollten endlich den Weg für freie Wahlen freigeben. In Kreisen der Berliner SPD-Abgeordneten in Bonn wurden die Vorgänge in Berlin als echte Volkserhebung bezeichnet.

ES GESCHAH AM 16. JUNI 1953 IN OSTBERLIN: Zum ersten Male seit dem 30. Januar 1933, dem ersten Tag ihrer Unterdrückung, demonstrierten die Ostberliner Arbeiter, um aus freiem Entschluß ihren freien Willen durchzusetzen. In einem Protestmarsch (Bild links), der von Schritt zu Schritt entschlossener wurde, zogen sie vor den Amtssitz des sowjetdeutschen Ministerrates im ehemaligen Luftfahrtministerium Leipziger Straße. Bild rechts zeigt den Augenblick, in dem der ostzonale Minister Selbmann von einem Maurer in weißer Arbeitskleidung von dem Tisch herabgedrängt wird, von dem aus er versuchte, die erregte Menschenmenge zu besänftigen (im Kreis). Bis in die Nacht gab es keine Beruhigung. Foto: AP

Es begann mit dem Protestmarsch der Arbeiter

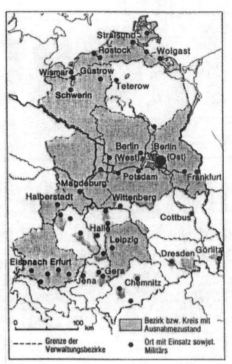

Zentren des Aufstandes in der DDR

Der 17.Juni in Ostberlin.
Das Columbushaus am Potsdamer Platz, in dem
sich eine Zweigstelle der Staatlichen Handelsor-
ganisation und ein Revier der Volkspolizei befan-
den, ist von Demonstranten in Brand gesteckt
worden.

Aufstand in Ungarn 1956

GESCHICHTE	Name		Klasse	Datum	Nr.

Der 4. Oktober - unser neuer Nationalfeiertag

Am Morgen des 13. August 1961 am Brandenburger Tor. Bewaffnete Verbände mit Schützenpanzerwagen und Wasserwerfern haben die Grenze zu den Westsektoren hermetisch abgeriegelt.

Weil immer mehr Menschen aus der DDR flüchteten, errichtet die DDR 1952 eine Sperrzone an der

_____ zwischen beiden deutschen Staaten. Am 13. August 1961 riegelt sie

unter Walter Ulbricht den Ostsektor Berlins von den Westsektoren ab und errichtet in der Folgezeit die

_____ . Für Fluchtwillige ist sie schier unüberwindlich - ein tragisches

Symbol für die deutsche _____ .

Die Bundesregierungen der fünziger und sechziger Jahre waren bestrebt, die _____ Berlins

zu erhalten und die völkerrechtliche der DDR zu verhindern. Die sogenannte „Hallstein-Doktrin" besagte:

Dritte Staaten, die die DDR_____ anerkennen, können keine Beziehungen zur

Bundesrepublik Deutschland unterhalten. Die Frage bleibt offen, ob schon vor dem Jahr 1990 eine

_____ der beiden deutschen Staaten möglich gewesen wäre.

Im Jahr 1952 hatte die Sowjetunion den Westmächten einen Friedensvertrag angeboten. Unter der Bedingung, daß Deutschland ein neutraler Staat würde, wollte sie die Wiedervereinigung zulassen und alle demokratischen Rechte gewährleisten. Bundeskanzler Adenauer empfahl den Staaten die Ablehnung dieses Vertrags. Die Westmächte schlossen sich der Meinung Adenauers an. Sie wagten nicht, die Sowjetunion beim Wort zu nehmen.

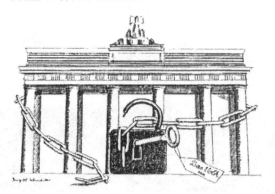

GESCHICHTE	Name		Klasse	Datum	Nr.

Der 4. Oktober - unser neuer Nationalfeiertag

Am Morgen des 13. August 1961 am Brandenburger Tor. Bewaffnete Verbände mit Schützenpanzerwagen und Wasserwerfern haben die Grenze zu den Westsektoren hermetisch abgeriegelt.

Weil immer mehr Menschen aus der DDR flüchteten, errichtet die DDR 1952 eine Sperrzone an der

____Demarkationslinie____ zwischen beiden deutschen Staaten. Am 13. August 1961 riegelt sie

unter Walter Ulbricht den Ostsektor Berlins von den Westsektoren ab und errichtet in der Folgezeit die

____Berliner Mauer____. Für Fluchtwillige ist sie schier unüberwindlich - ein tragisches

Symbol für die deutsche ____Teilung____.

Die Bundesregierungen der fünziger und sechziger Jahre waren bestrebt, die ____Freiheit____ Berlins

zu erhalten und die völkerrechtliche der DDR zu verhindern. Die sogenannte „Hallstein-Doktrin" besagte:

Dritte Staaten, die die DDR ____diplomatisch____ anerkennen, können keine Beziehungen zur

Bundesrepublik Deutschland unterhalten. Die Frage bleibt offen, ob schon vor dem Jahr 1990 eine

____Wiedervereinigung____ der beiden deutschen Staaten möglich gewesen wäre.

Im Jahr 1952 hatte die Sowjetunion den Westmächten einen Friedensvertrag angeboten. Unter der Bedingung, daß Deutschland ein neutraler Staat würde, wollte sie die Wiedervereinigung zulassen und alle demokratischen Rechte gewährleisten. Bundeskanzler Adenauer empfahl den Staaten die Ablehnung dieses Vertrags. Die Westmächte schlossen sich der Meinung Adenauers an. Sie wagten nicht, die Sowjetunion beim Wort zu nehmen.

Der Massenexodus beginnt: Rund 900 DDR-Bürger nutzen das »Europa-Treffen« an der ungarischen Grenze am 19. August 1989 zur Flucht nach Österreich.

Hunderte DDR-Bürger warten in der deutschen Botschaft von Prag, auf ihre Ausreise.

DDR im Aufbruch

- August/Sept. 1989: Massenflucht von DDR-Bürgern nach Öffnung der ungarischen Westgrenze
- Sept./Okt. 1989: Flucht über die bundesdeutschen Botschaften in Prag und Warschau
- Spontane Demonstrationen in vielen Städten der DDR
- Zusammenschluß oppositioneller Gruppen (»Neues Forum«, »Demokratischer Aufbruch«), Gründung der »SDP«
- Sturz Erich Honeckers, Nachfolger Egon Krenz 18./24. 10. 89

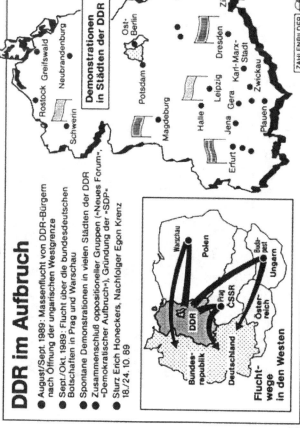

Nach dem Amtsantritt Michail Gorbatschows im Frühjahr 1985 kamen in der Sowjetunion, aber auch in einigen Ländern Osteuropas, vorher kaum denkbare Veränderungen in Gang. In Polen, wo die Opposition 1981 noch zurückgeschlagen worden war, mußte sich die kommunistische Partei auf eine Machtteilung einlassen; in Ungarn setzten sich reformwillige Kräfte innerhalb der herrschenden Partei selbst an die Spitze des Demokratisierungsprozesses. Die DDR ging jedoch auf Distanz zur Reformpolitik der östlichen Führungsmacht. Oppositionelle Regungen wurden durch die Sicherheitskräfte unterdrückt, Reformforderungen für überflüssig oder gar für „staatsfeindlich" erklärt. Nur unter dem schützenden Dach der Kirche oder in den privaten „Nischen" der DDR-Gesellschaft konnten sich regimekritische Ideen und Meinungen entwickeln, die wegen der fehlenden Öffentlichkeit im eigenen Land oft erst auf dem Umweg über die westlichen Medien in der DDR Verbreitung fanden. Nach den Kommunalwahlen vom Mai 1989, deren Ergebnisse nachträglich in eine fast hundertprozentige Zustimmung zum Kurs der Staatspartei umgebogen wurden, und nach dem parteioffiziellen Applaus für die blutige Niederschlagung des Protests in China breitete sich in der DDR-Bevölkerung das Gefühl aus, zunehmend isoliert zu sein — nicht nur gegenüber dem Westen, sondern auch gegenüber den Reformen im sozialistischen Lager.

Unmut und Verzweiflung über die Zustände in der DDR entluden sich in einer Massenflucht, wie es sie seit dem Bau der Mauer im Jahre 1961 nicht mehr gegeben hatte: Schon im August 1989 setzten sich zahlreiche DDR-Urlauber über Ungarn in die Bundesrepublik ab. Als am 11. 9. 1989 die ungarische Westgrenze geöffnet wurde, folgten ihnen Zehntausende meist junger DDR-Bürger nach. Viele tausend gelangten auch über die bundesdeutschen Botschaften in Prag und Warschau in den Westen. Als Reaktion auf diese Fluchtwelle kam es in den großen Städten der DDR zu Meinungskundgebungen und Demonstrationen, denen sich von Woche zu Woche mehr Menschen anschlossen. Die Evangelische Kirche und Oppositionsgruppen (wie das „Neue Forum" und die neugegründete Sozialdemokratische Partei) meldeten sich mit der Forderung nach Reise- und Meinungsfreiheit, nach demokratischer Parteienvielfalt und offener Medienpolitik, nach freien Wahlen und wirtschaftlichen Reformen zu Wort. SED-Generalsekretär Erich Honecker hielt zwar noch bei der Feier des 40. Jahrestages der DDR am 6./7. 10. 1989 an den alten Positionen fest. Inzwischen hatte die Reformbewegung aber so viel Eigendynamik entwickelt, daß die Parteiführung zu einem Kurswechsel gezwungen war: Honecker mußte seinem jüngeren Nachfolger Egon Krenz Platz machen (18./24. 10. 89); gleichzeitig schaltete die SED auf eine Politik des Dialogs mit den Bürgern um, ohne ihre Macht allerdings in Frage stellen zu lassen.

„In dieser Nacht war das deutsche Volk das glücklichste der Welt"

DIE MAUER TRENNT NICHT MEHR: *Berliner aus beiden Teilen der Stadt feierten bis zum frühen Freitagmorgen vor dem Brandenburger Tor.* Photo: dpa

Die DDR bricht die Mauer auf

Weitere Grenzübergänge geöffnet / Ostberlin: Die neue Reiseregelung bleibt

SED für „demokratische Koalitionsregierung" / Freie Wahlen unter öffentlicher Kontrolle angekündigt

THEMA
Konrad Adenauer und seine Politik

LERNZIELE

- Kennenlernen der Grundzüge der Politik Konrad Adenauers
  (Aussöhnung mit Frankreich, Vertrag mit Israel, Bindung an den Westen)
- Einschätzung der Rolle Robert Schumans für die noch junge Politik der Bundesrepublik

ARBEITSMITTEL/MEDIEN/LITERATURHINWEISE

Arbeitsblatt mit Lösung
Folien (Karikatur; Informationstexte)
Bilder

Texte unten aus:
J. Weber: Geschichte entdecken 9
© C.C. Buchners Verlag, Bamberg 1988

TAFELBILD/FOLIEN

Adenauers Ziele

außenpolitisch:

- *Existenzgrundlage der BR*
- *Westintegration*
- *Aussöhnung mit Israel*
  und Frankreich

innenpolitisch:

- *Wiederaufbau*
- *Wirtschaftswachstum*
- *soziale Absicherung*

1955 entschied sich die Bevölkerung im Saarland, das seit 1945 wirtschaftlich an Frankreich angeschlossen war, für die Rückgliederung an die Bundesrepublik Deutschland. 1957 wurde das **Saarland das zehnte Bundesland.**
Am 22. Januar 1963 unterzeichneten der französische Staatspräsident General de Gaulle und Bundeskanzler Konrad Adenauer den **Vertrag über die deutsch-französische Zusammenarbeit.**

Am 12. September 1949 wurde von der Bundesversammlung **Professor Theodor Heuss (FDP) zum ersten Bundespräsidenten** der Bundesrepublik Deutschland **gewählt.** Drei Tage später, am 15. September, wählte der Bundestag **Konrad Adenauer** im ersten Durchgang mit einer Stimme Mehrheit zum **Bundeskanzler.** Er bildete ein Koalitionskabinett aus CDU/CSU, FDP und DP. Fritz Schäffer, der erste Bayerische Ministerpräsident, wurde Bundesminister für Finanzen und Ludwig Erhard, der Vater der Sozialen Marktwirtschaft, übernahm das Ministerium für Wirtschaft.

METHODE \ Unterrichtsstufe (Teil) Zielangabe und (Teil) Zusammenfassung Lehr / Lernakte , Medieneinsatz			LERNINHALTE (STOFF) Tafelanschrift (bzw. Folie)	ZEIT
I. HINFÜHRUNG:				
	Impuls	Dia ADENAUER	L: Mit diesem Mann entsteht ein neuer Staat. SS: KONRAD ADENAUER erster deutscher Bundeskanzler ...	
	Zielangabe	TA	KONRAD ADENAUER und seine Politik	
II. ERARBEITUNG:				
	AA	Folie	1. Berichte über die Politik KONRAD ADENAUERS unter besonderer Be- rücksichtigung der Beziehungen zwi- schen Deutschland und Frankreich! 2. Wie kam es zur Bindung der BRD an den Westen?	
	Auswertung	(Quellen)	SS: Schwerpunkte: Aussöhnung mit Frankreich (1950 - SCHUMAN -Plan, 1957 - Saarabkommen) Vertrag mit Israel 2. 1955 - Volle Souveränität für die BRD - BRD tritt der Nato bei - CDU/CSU dafür, SPD dagegen.	
III. VERTIEFUNG				
	Ges.whg.			
IV. SICHERUNG V. AUSWERTUNG	'	AB	M 1 = Verhältnis zu Israel M 2 = Beitritt zur NATO M 3 = deutsch-französische Beziehungen	

GESCHICHTE	Name		Klasse	Datum	Nr.

Konrad Adenauer und seine Politik

Robert Schuman

Ein besonderes Anliegen Konrad Adenauers war die Aussöhnung mit den europäischen Nachbarn Deutschland. Besonders schwierig war die Verständigung zwischen _____ und _____ . Aber der französische Außenminister Robert Schuman wußte wie Konrad Adenauer, daß die Freundschaft zwischen diesen beiden Völkern die Voraussetzung für eine friedliche Zukunft Europas sei.

Europaplan Schumans

9. Mai. Frankreichs Außenminister Robert Schuman stellt in einer Regierungserklärung einen später nach ihm benannten Plan vor, der schnell zu verwirklichende, präzise Schritte zur Einigung Europas enthält. Als wichtigste Aufgabe jedes europäischen Einigungsversuches bezeichnet Schuman in seiner Rede die Beseitigung des jahrhundertealten deutsch-französischen Gegensatzes, der bislang jeden Frieden in Europa unmöglich gemacht habe. Anstatt aber nun unerfüllbare Zielsetzungen zu formulieren, solle man die Anstrengungen auf einen begrenzten, aber entscheidenden Punkt richten.

Schuman schlägt vor, die deutsche und französische Produktion von Kohle und Stahl einer gemeinsamen Oberaufsicht zu unterstellen. Durch Zusammenlegung der Grundindustrien, ohne die jede Rüstung unmöglich sei, könne ein Krieg zwischen Frankreich und Deutschland auf Dauer verhindert werden. Bundeskanzler Konrad Adenauer begrüßt noch am gleichen Tag in einer Pressekonferenz den Schumanplan und bezeichnet ihn als sehr ernst zu nehmenden Ansatz, den alten Traum der deutsch-französischen Verständigung zu verwirklichen.

Im Juni 1950 stattete Robert Schuman der Bundesrepublik Deutschland einen Besuch ab und setzte so ein Zeichen für die zukünftige gemeinsame Aufgabe. Sein Vorschlag, die Produktion von Kohle, Eisen und Stahl in Europa gemeinsam zu kontrollieren (_____) schuf die Voraussetzungen für eine Zusammenarbeit. Vom 1.1.1957 an gehörte die Saar politisch wieder zu Deutschland (_____); die freundschaftliche Beziehung zwischen beiden Staaten wurde im _____Vertrag von 1963 besiegelt.

Aussöhnung forderte aber auch, daß die Bundesrepublik versuchte, einen Teil jener Schäden wieder gutzumachen, die den Menschen in Europa durch das Hitler-Deutschland zugefügt worden waren. Ganz besonders hatte das Volk der_____ unter den Greueltaten des Nationalsozialismus gelitten. Die Bundesrepublik zahlte 3,5 Milliarden DM, um die materiellen Schäden zu einem Teil zu beheben.

Die Bindung an den Westen ist ein Schwerpunkt der ersten Regierungen

Der Deutschlandvertrag brachte im Jahr_____ der Bundesrepublik die volle Souveränität. Gleichzeitig trat die Bundesrepublik in das westliche Verteidigungsbündnis (_____) ein. Die Unionsparteien und die Sozialdemokraten nahmen dazu unterschiedliche Stellungen ein:

CDU/CSU	SPD
_____	_____
_____	_____
_____	_____
_____	_____

Konrad Adenauer

Merke: Adenauers Politik hat folgende Schwerpunkte:

außenpolitisch: _____

_____

innenpolitisch: _____

_____

GESCHICHTE	Name	Klasse	Datum	Nr.

Konrad Adenauer und seine Politik

Robert Schuman

Ein besonderes Anliegen Konrad Adenauers war die Aussöhnung mit den europäischen Nachbarn Deutschland. Besonders schwierig war die Verständigung zwischen _Deutschland_ und _Frankreich_. Aber der französische Außenminister Robert Schuman wußte wie Konrad Adenauer, daß die Freundschaft zwischen diesen beiden Völkern die Voraussetzung für eine friedliche Zukunft Europas sei.

Europaplan Schumans

9. Mai. Frankreichs Außenminister Robert Schuman stellt in einer Regierungserklärung einen später nach ihm benannten Plan vor, der schnell zu verwirklichende, präzise Schritte zur Einigung Europas enthält. Als wichtigste Aufgabe jedes europäischen Einigungsversuches bezeichnet Schuman in seiner Rede die Beseitigung des jahrhundertealten deutsch-französischen Gegensatzes, der bislang jeden Frieden in Europa unmöglich gemacht habe. Anstatt aber nun unerfüllbare Zielsetzungen zu formulieren, solle man die Anstrengungen auf einen begrenzten, aber entscheidenden Punkt richten.

Schuman schlägt vor, die deutsche und französische Produktion von Kohle und Stahl einer gemeinsamen Oberaufsicht zu unterstellen. Durch Zusammenlegung der Grundindustrien, ohne die jede Rüstung unmöglich sei, könne ein Krieg zwischen Frankreich und Deutschland auf Dauer verhindert werden.
Bundeskanzler Konrad Adenauer begrüßt noch am gleichen Tag in einer Pressekonferenz den Schumanplan und bezeichnet ihn als sehr ernst zu nehmenden Ansatz, den alten Traum der deutsch-französischen Verständigung zu verwirklichen.

Im Juni 1950 stattete Robert Schuman der Bundesrepublik Deutschland einen Besuch ab und setzte so ein Zeichen für die zukünftige gemeinsame Aufgabe. Sein Vorschlag, die Produktion von Kohle, Eisen und Stahl in Europa gemeinsam zu kontrollieren (_Schuman-Plan_) schuf die Voraussetzungen für eine Zusammenarbeit. Vom 1.1.1957 an gehörte die Saar politisch wieder zu Deutschland (_Saarabkommen_); die freundschaftliche Beziehung zwischen beiden Staaten wurde im _deutsch-französischen_ Vertrag von 1963 besiegelt.

Aussöhnung forderte aber auch, daß die Bundesrepublik versuchte, einen Teil jener Schäden wieder gutzumachen, die den Menschen in Europa durch das Hitler-Deutschland zugefügt worden waren. Ganz besonders hatte das Volk der _Juden_ unter den Greueltaten des Nationalsozialismus gelitten. Die Bundesrepublik zahlte 3,5 Milliarden DM, um die materiellen Schäden zu einem Teil zu beheben.

Die Bindung an den Westen ist ein Schwerpunkt der ersten Regierungen

Der Deutschlandvertrag brachte im Jahr _1955_ der Bundesrepublik die volle Souveränität. Gleichzeitig trat die Bundesrepublik in das westliche Verteidigungsbündnis (_Nato_) ein. Die Unionsparteien und die Sozialdemokraten nahmen dazu unterschiedliche Stellungen ein:

CDU/CSU	SPD
Adenauer befürwortet den Beitritt der Bundesrepublik Deutschland zum westlichen Verteidigungsbündnis.	_Die SPD lehnt den Beitritt ab, weil sie befürchtet, daß dadurch die Spaltung Deutschlands noch weiter vertieft wird._

Konrad Adenauer

Merke: Adenauers Politik hat folgende Schwerpunkte:

außenpolitisch: _Existenzgrundlage der Bundesrepublik D., Westintegration, Aussöhnung mit Israel und Frankreich_

innenpolitisch: _Wiederaufbau, Wirtschaftswachstum, soziale Absicherung_

EREIGNISSE DER ZEIT –1948/49– IM SPIEGEL DER PRESSE

Geburtsstunde der Bundesrepublik

Konstituierung in Bonn - Festliche Eröffnung des Parlaments

Als erstes Organ der Bundesrepublik Deutschland wird sich am heutigen Mittwoch der Bundesrat konstituieren. Am Nachmittag wird dann der Berliner Abgeordnete Paul Löbe als Ministerpräsident die konstituierende Sitzung des Bundestages eröffnen. Vor den Sitzungen werden festliche Gottesdienste stattfinden. In der Lutherkirche spricht Bischof D. Dr. Dibelius zu den evangelischen Abgeordneten, während der Kölner Erzbischof Frings ein Pontifikalamt im Bonner Münster zelebriert.

In der ersten Sitzung des Ältestenrates, die im Bonner Bundeshaus stattfand, wurde beschlossen, die Mindeststärke der Fraktionen im Bundestag auf 15 Abgeordnete festzulegen. Ferner wurde beschlossen, daß die CDU/CSU als stärkste Fraktion im Bundestag den ersten Bundestagspräsidenten stellt, während die SPD den ersten Vizepräsidenten, die FDP den zweiten Vizepräsidenten, Bayernpartei und Deutsche Partei den dritten und den vierten Vizepräsidenten nominieren sollen. Nach der Sitzordnung, die vom Ältestenrat aufgestellt wurde, werden die Kommunisten auf der äußersten Linken sitzen. Ihnen folgt die SPD-Fraktion. Für die CDU/CSU-Fraktion ist die Mitte vorgesehen, während FDP, Bayernpartei, DP und Deutsche Rechtspartei rechts von der CDU sitzen sollen. Zentrum und WAV werden ihre Plätze hinter den Reihen der CDU erhalten. Der Ältestenrat bestätigte, daß im Bundestag zunächst die Bestimmungen der früheren Reichstagsordnung als Geschäftsordnung gelten sollen. Unmittelbar nach Zusammentritt des Bundestages soll ein Ausschuß eine neue Geschäftsordnung ausarbeiten.

Zwischen Verhandlungsführern der Fraktionen von CDU/CSU, FDP und DP wurde am Dienstag nachmittag Einigung über die Wahl des Bundestagspräsidenten erzielt. Die CDU/CSU hat für dieses Amt den früheren Präsidenten des Wirtschaftsrates, Dr. Erich Köhler, nominiert. Die interfraktionellen Besprechungen wurden am Dienstag nachmittag abgebrochen, da die daran Beteiligten an der Sitzung des Ältestenrates teilnehmen mußten. Die Besprechungen sollen erst nach der Konstituierung des Bundestages wieder aufgenommen werden.

Aus: Der Tagesspiegel, Berlin (West), vom 7. 9. 1949

Adenauer über seine Pläne

London, 8. Sept.
In einem Interview mit der Londoner „Times" erklärte der CDU-Vorsitzende Dr. Adenauer, der soziale und wirtschaftliche Wiederaufbau Deutschlands werde Hauptaufgabe seiner künftigen Regierung sein. Sie wollen außerdem versuchen, das im Auslande bestehende Mißtrauen gegenüber Deutschland zu beseitigen. Das Ergebnis der Bundestagswahl habe ein Koalitionsgespräch mit dem SPD-Vorsitzenden Dr. Schuhmacher sinnlos erscheinen lassen. Die Bundesregierung werde dem Auslande beweisen, daß die SPD nicht die einzige Partei sei, die für sozialen Fortschritt eintrete. Adenauer sagte, man habe ihm vorgeschlagen, als Gegengewicht zur Bestellung Professor Erhards zum Wirtschaftsminister einen Sozialdemokraten zu seinem Staatssekretär zu ernennen. Auf diese Weise könne jedoch keine gute Arbeit geleistet werden. Es sei nicht beabsichtigt, in der neuen Regierung ein Außenministerium zu schaffen.

Professor Heuß, der gute Aussichten habe, zum Bundespräsidenten gewählt zu werden, verbinde in sich ein ungewöhnliches Maß von Bildung, Erfahrung und Toleranz. Es sei angemessen, wenn einem katholischen Bundeskanzler ein evangelischer Bundespräsident gegenüberstehe.

Aus: Der Tagesspiegel, Berlin (West), vom 7. 9. 1949

Mit bangen Gefühlen beobachten die „Eltern" die ersten Gehversuche des neuen westdeutschen Staates. Onkel Iwan lugt durch die „Prawda"

Die neue Regierung

Seit Dienstag nachmittag hat Deutschland wieder eine Regierung. Auf Vorschlag des Bundeskanzlers Dr. Adenauer ernannte Bundespräsident Professor Heuß am 20. September als Bundesminister für Angelegenheiten des Marschall-Plans Franz Blücher (FDP), für Inneres Dr. Gustav Heinemann (CDU), für Justiz Dr. Thomas Dehler (FDP), für Finanzen Dr. Fritz Schäffer (CSU), für Wirtschaft Professor Dr. Ludwig Erhard (CDU), für Landwirtschaft und Ernährung Dr. Wilhelm Niklas (CSU), für Arbeit Anton Storch (CDU), für Verkehr Dr. Hans Christoph Seebohm (DP), für Post Johann Schubert (CSU), für Wohnungsbau Eberhard Wildermuth (FDP), für Angelegenheiten der Vertriebenen Dr. Hans Lukaschek (CDU), für gesamtdeutsche Fragen Jakob Kaiser (CDU), für Angelegenheiten des Bundesrates Heinrich Hellwege (DP).

Bundestagspräsident Dr. Köhler verlas die Ministerliste und vereidigte die neue Regierung nach der gleichen Eidesformel, die der Bundespräsident abgelegt hat.

Aus: Der Tagesspiegel, Berlin (West), vom 21. 9. 1949

Von HITLER zu ADENAUER, Deutsche Geschichte von 1945-1949, S.471, Hamburg 1976 (JOHN JAHR- VERLAG)

Die Bundesrepublik in der Zeit Adenauers (1949–1963)

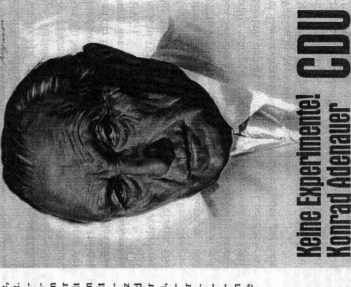

Wahlplakat der CDU aus dem Jahr 1957

Robert Schuman, ein Freund Deutschlands

Q 1 Der französische Außenminister Robert Schuman sah in der Freundschaft zwischen Frankreich und Deutschland die Zukunft eines freien Europas begründet. Bei der Vorstellung seines Plans einer Montan-Union sagte er am 9. Mai 1950:

„Europa läßt sich nicht mit einem Schlage und auch nicht durch einen einfachen Beschluß herstellen; es wird durch konkrete Taten entstehen, die zunächst eine Solidarität im Handeln schaffen. Die Vereinigung der europäischen Nationen erfordert, daß der jahrhundertealte Gegensatz zwischen Frankreich und Deutschland ausgelöscht wird. Das begonnene Werk muß in erster Linie Deutschland und Frankreich erfassen ...

Die Zusammenlegung der Produktion, die so geschaffen wird, wird bekunden, daß jeder Krieg zwischen Frankreich und Deutschland undenkbar, ja tatsächlich unmöglich ist. Der Aufbau dieser gewaltigen Produktionsgemeinschaft, die allen Ländern offensteht, welche daran teilnehmen wollen, wird die sachlichen Fundamente zu deren wirtschaftlichen Vereinigung bieten."

Q 2 Konrad Adenauer sah in der Aussöhnung zwischen Deutschland und Frankreich eine wichtige Aufgabe. In seinen Erinnerungen schreibt er darüber:

„Die Herstellung eines guten Verhältnisses zwischen Frankreich und Deutschland war die grundlegende Voraussetzung für eine bessere Zukunft nicht nur unserer beiden Länder, sondern Europas und eines großen Teils der Erde. Ich war mir darüber klar, daß eine dauernde Verständigung nur durch ausdauernde und zielbewußte Arbeit erreicht werden konnte. Ich war mir auch klar darüber, daß viele Schatten der Vergangenheit diese gemeinsame Arbeit beeinträchtigten. Aber demgegenüber breitete sich in beiden Völkern in zunehmendem Maße die Erkenntnis aus, daß die Interessen unserer Länder, die geistigen, die kulturellen, die humanen Ideale das Erreichen dieses Zieles verlangten."

Q 3 Im Herbst 1951 traf Konrad Adenauer in New York den israelischen Staatspräsidenten Ben Gurion. Nach der Rückkehr begründete der Bundeskanzler vor dem Bundestag seine Zusagen zu einem Vertrag über Wiedergutmachungsleistungen:

„Es hat in der Zeit des Nationalsozialismus im deutschen Volk viele gegeben, die mit eigener Gefährdung aus religiösen Gründen, aus Scham über die Schändung des deutschen Namens ihren jüdischen Mitbürgern Hilfsbereitschaft gezeigt haben. Im Namen des deutschen Volkes sind aber unsagbare Verbrechen begangen worden, die zur moralischen und materiellen Wiedergutmachung verpflichten. Dies sowohl hinsichtlich der individuellen Schäden, die Juden erlitten haben, als auch des jüdischen Eigentums, für das keine einzelne Berechtigte nicht mehr da sind ... Die Bundesregierung ist bereit, gemeinsam mit den Vertretern des Judentums und des Staates Israel, der so viele heimatlose jüdische Flüchtlinge aufgenommen hat, eine Lösung des materiellen Wiedergutmachungsproblems herbeizuführen, um damit den Weg der seelischen Bereinigung unendlichen Leides zu erleichtern."

Q 4 Am 5. Mai 1955 hoben die westlichen Alliierten das Besatzungsstatut auf. Damit trat der Deutschlandvertrag voll in Kraft, der Artikel 1 dieser Vereinbarung sagt:

„Mit dem Inkrafttreten dieses Vertrages werden die Vereinigten Staaten von Amerika, das Vereinigte Königreich von Großbritannien und Nordirland und die Französische Republik ... das Besatzungsregime in der Bundesrepublik beenden, das Besatzungsstatut aufheben und die Alliierte Hohe Kommission sowie die Dienststellen der Landeskommissare in der Bundesrepublik auflösen. Die Bundesrepublik wird demgemäß die volle Macht eines souveränen Staates über ihre inneren und äußeren Angelegenheiten haben."

Q 5 Konrad Adenauer erinnert sich an den Streit um einen deutschen Beitrag im westlichen Verteidigungsbündnis:

„Die Frage, ob die Bundesrepublik, wenn sie dazu aufgefordert würde, sich an einer gemeinsamen westlichen Abwehrfront beteiligen solle, wurde in der Bundesrepublik lebhaft diskutiert. Wenn man die Frage der Beteiligung der Bundesrepublik beantworten wollte, mußte man davon ausgehen, daß es sich darum handelte, den Frieden zu retten, und daß die Bildung einer solchen Abwehrfront die einzige Möglichkeit war, einen Krieg zu verhüten und den Frieden zu erhalten. Das Vorgehen Sowjetrußlands seit 1945 zeigt völlig klar die Tendenz der russischen Politik und auch die Möglichkeiten, trotz dieser Tendenz zu einem Frieden mit Rußland zu kommen. Wir Deutsche mußten uns darüber klar sein, daß wir unmöglich erwarten konnten, die Vereinigten Staaten und die westeuropäischen Länder würden das Opfer, die mit der Schaffung einer gemeinsamen Verteidigungsarmee verbunden waren, auf sich nehmen, während wir nichts dazu beitrugen. Für jeden Menschen mit gesundem Empfinden mußte es ein zwingendes Gebot sein, seine Heimat und seine Freiheit zu verteidigen."

H. Beilner u.a.: Geschichte für die Hauptschule 9
© by Verlag Ludwig Auer, Donauwörth 1982

THEMA
Die Große Koalition (1966 - 1969)

LERNZIELE

- Erkenntis, daß die Parteien der CDU/CSU und der SDP die sog. "Große Koalition" bildeten
- Kennenlernen der Führungsspitze der Großen Koalition
- Wissen um die Gründe für die Bildung dieser Großen Koalition
- Wissen um die großen innenpolitischen Ereignisse dieser Zeit (Notstandsgesetzgebung, Wirtschaftskrise, APO)

ARBEITSMITTEL/MEDIEN/LITERATURHINWEISE

Arbeitsblatt mit Lösung
Folien (Grafiken; Informationstexte)
Bilder

TAFELBILD/FOLIEN

Die Große Koalition (1966 - 1969)

CDU/CSU + SPD

Notstandsgesetzgebung
Wirtschaftskrise im Winter 1967/68
Die außerparlamentarische Opposition (APO)

Die **Große Koalition**, das Regierungsbündnis zwischen CDU/CSU und SPD, entstand 1966. **Kurt Georg Kiesinger** (CDU) wurde Bundeskanzler, Willy Brandt (SPD) Vizekanzler und Außenminister.

Die „Zwillinge" „Plüsch und Plum", Karl Schiller und Franz Josef Strauß gelten als Gütezeichen der Großen Koalition. Ihnen gelingt rasch die Überwindung der „Talsohle" der Wirtschaft.

METHODE	LERNINHALTE (STOFF)	ZEIT
Unterrichtsstufe (Teil) Zielangabe und (Teil) Zusammenfassung Lehr / Lernakte Medieneinsatz	Tafelanschrift (bzw. Folie)	

I. HINFÜHRUNG		
stummer Impuls	L: zeigt Dias (ADENAUER, ERHARD, KIESINGER)	
	SS: ...	
Impuls	L: Unter KURT GEORG KIESINGER bildeten zum ersten Mal in der Geschichte der BRD die beiden großen Parteien die Regierung !	
	SS: CDU/CSU und SPD	
Z i e l a n g a b e TA	Die Große Koalition 1966 - 1969	
II. ERARBEITUNG:		
AA	1. Warum kam es zur sog. "Großen Koalition"?	
	2. Welche schwerwiegenden innenpolitischen Ereignisse fielen in die Zeit der Großen Koalition?	
Auswertung	SS: 1. Eine Wirtschaftskrise und ein bevorstehendes schwieriges Gesetzgebungsverfahren machten nach Meinung vieler Politiker eine Große Koalition notwendig.	
	2. Notstandsgesetzgebung Wirtschaftskrise APO	
III. VERTIEFUNG		
Ges. Whg.		
IV. SICHERUNG AB		
V. AUSWEITUNG		
Diskussion: Rolle der APO Attentat auf RUDI DUTSCHKE		

GESCHICHTE	Name	Klasse	Datum	Nr.

Die Große Koalition (1966 - 1969)

Wahlperioden	Bundeskanzler	Koalitionen
1949 - 53	_____	CDU/CSU - FDP DP
1953 - 57	_____	CDU/CSU - FDP - DP - BHE
1957 - 61	_____	CDU/CSU - DP
1961 - 65	Konrad Adenauer (bis _____) _____	CDU/CSU - FDP CDU/CSU - FDP
1965 - 69	_____ (bis 1966) _____	CDU/CSU - FDP CDU/CSU - SPD

Nach einer kurzen Kanzlerschaft von Ludwig Erhard bildeten CDU/CSU und SPD erstmals in der Nachkriegsgeschichte eine Koalition der beiden großen Parteien, eine sogenannte

_____ .

Kanzler wurde _____ .

Außenminister wurde _____ .

In diese Zeit der Großen Koalition fielen drei schwerwiegende innenpolitische Ereignisse:

1. Die Notstandsgesetzgebung:

Das Grundgesetz enthielt nur wenige Bestimmungen, die für den Notstands- und den Verteidigungsfall galten. Am 30. Mai 1968 stimmte eine verfassungsändernde Mehrheit des Deutschen Bundestages dafür, daß dem Staat in bestimmten Fällen Eingriffe in die _____ gestattet sind. Diese sog. Notstandsgesetzgebung wurde z.T. erbittert diskutiert und führte zu großen Demonstrationen.

2. Die Wirtschaftskrise im Winter 1967/68:

Finanzminister_____und Wirtschaftsminister _____ konnten diese Krise nur schwer meistern.

3. Die außerparlamentarische Opposition (APO):

Diese außerparlamentarische Opposition führte zu einer schweren „Studentenrevolte". Ursache dafür

waren _____

_____

_____

GESCHICHTE	Name	Klasse	Datum	Nr.

Die Große Koalition (1966 - 1969)

Wahlperioden	Bundeskanzler	Koalitionen
1949 - 53	_Konrad Adenauer_	CDU/CSU - FDP DP
1953 - 57	_Konrad Adenauer_	CDU/CSU - FDP - DP - BHE
1957 - 61	_Konrad Adenauer_	CDU/CSU - DP
1961 - 65	Konrad Adenauer (bis _1963_) _Ludwig Erhard_	CDU/CSU - FDP CDU/CSU - FDP
1965 - 69	_Ludwig Erhard_ (bis 1966) _Kurt Georg Kiesinger_	CDU/CSU - FDP CDU/CSU - SPD

Nach einer kurzen Kanzlerschaft von Ludwig Erhard bildeten CDU/CSU und SPD erstmals in der Nachkriegsgeschichte eine Koalition der beiden großen Parteien, eine sogenannte

Große Koalition .

Kanzler wurde _Kurt Georg Kiesinger (CDU)_ .

Außenminister wurde _Willy Brandt (SPD)_ .

In diese Zeit der Großen Koalition fielen drei schwerwiegende innenpolitische Ereignisse:

1. Die Notstandsgesetzgebung:

Das Grundgesetz enthielt nur wenige Bestimmungen, die für den Notstands- und den Verteidigungsfall galten. Am 30. Mai 1968 stimmte eine verfassungsändernde Mehrheit des Deutschen Bundestages dafür, daß dem Staat in bestimmten Fällen Eingriffe in die _Grundrechte_ gestattet sind. Diese sog. Notstandsgesetzgebung wurde z.T. erbittert diskutiert und führte zu großen Demonstrationen.

2. Die Wirtschaftskrise im Winter 1967/68:

Finanzminister _Strauß (CSU)_ und Wirtschaftsminister _Schiller (SPD)_ konnten diese Krise nur schwer meistern.

3. Die außerparlamentarische Opposition (APO):

Diese außerparlamentarische Opposition führte zu einer schweren „Studentenrevolte". Ursache dafür waren _das Fehlen einer starken Opposition im Parlament, die Konzentration der Presse in wenigen Händen, Ungerechtigkeit bei der Einkommensverteilung, Ungerechtigkeit bei den Bildungschancen_

Die Große Koalition

Wiederaufbau, Wirtschaftswunder, Westintegration und strikte Abgrenzung nach Osten waren Eckpunkte der politischen und ökonomischen Entwicklung der Bundesrepublik Deutschland nach dem Zweiten Weltkrieg.

20 Jahre lang (1949 - 1969, davon elf Jahre in Koalition mit der FDP) bestimmten die Unionsparteien CDU/CSU maßgeblich den Kurs in Bonn, 14 Jahre unter der Führung Konrad Adenauers. 1966 war unter dem Kanzler Ludwig Erhard dann jedoch wegen wirtschaftlicher Rezession und des Streits über Steuererhöhungen die Koalition mit der FDP zerbrochen.

Rasch einigten sich Vertreter der CSU und Erhard-Gegner in der CDU mit der SPD über eine mögliche Koalition zwischen CDU/CSU und SPD in Bonn. Am 1. Dezember 1966 nahm die als „Große Koalition" bezeichnete Regierung mit Kurt Georg Kiesinger (CDU) als Kanzler, Willy Brand (SPD) als Außenminister, Franz Josef Strauß (CSU) als Finanzminister und Karl Schiller (SPD) als Wirtschaftsminister ihre Amtsgeschäfte auf. Das Bündnis zwischen Konservativen und Sozialdemokraten leitete entscheidende Innen- und außenpolitische Veränderungen für die Bundesrepublik Deutschland ein.

Der Großen Koalition gelang es, die durch das „Fehlen einer planvollen Koordination von Kredit- und Fiskalpolitik und ... Fehlen einer wirksamen Verhaltensabstimmung zwischen den staatlichen Instanzen auf der einen Seite und den nichtstaatlichen auf der anderen Seite" (so der Sachverständigenrat zur gesamtwirtschaftlichen Entwicklung) gewissermaßen „hausgemachte" Wirtschaftskrise und Rezession der Regierung Erhard zu meistern. Die neue Wirtschaftspolitik der „konzertierten Aktion" von Arbeitgebern, Gewerkschaften und Regierung hob das Wirtschaftswachstum schon 1969 wieder auf 7,9 %.

Das innenpolitische Klima veränderte sich jedoch rasch, denn im Parlament fehlte eine starke Opposition (die FDP hatte nur 9,9 % der Bundestagsmandate). Die neonazistische NPD gewann an Stimmen, auf der Linken bildete sich die außerparlamentarische Opposition (APO). Krisen und Unruhen erschütterten das Land seit 1967 und führten - immer unüberhörbarer - zu dem Ruf nach mehr Staatsmacht.

Bei einer Demonstration gegen den Besuch des Schahs von Persien in West-Berlin wurde der Student Benno Ohnesorg von einem Polizisten erschossen. Nicht selten gewalttätige Demonstrationen richteten sich gegen den Zeitungs-Verleger Axel Springer, den Krieg in Vietnam und gegen die geplanten Notstandsgesetze. Trotzdem und gerade deswegen bewilligte das Parlament 1968 die Notstandsgesetze: Seitdem darf der Staat bei schweren inneren Krisen seine bewaffneten Kräfte (Polizei, Grenzschutz und Bundeswehr) einsetzen. Diese Regelung setzte die Vorbehaltsrechte der Westalliierten, die letzte Beschränkung der vollen staatlichen Souveränität der Bundesrepublik Deutschland außer Kraft.

Außenpolitisch strebte die Große Koalition die Anpassung der deutschen Ostpolitik an den Entspannungskurs der USA an, konnte jedoch keine substantiellen Erfolge erzielen.

Chronik der Deutschen, S. 1025
© Harenberg Verlag, Dortmund 1983

Schah besucht Berlin

2. Juni. Der seit 27. Mai andauernde Staatsbesuch des persischen Herrscherpaares Schah Mohammed Reza Pahlewi und Farah Pahlewi (geb. Diba) endet am 4. Juni in Bonn. Der orientalische Glanz des Auftritts wird von schweren Zwischenfällen an fast allen Stätten des Schahbesuchs überschattet, die ihren Höhepunkt am 2. Juni in Berlin erreichen, als bei Auseinandersetzungen zwischen Polizei und Demonstranten 60 Personen verletzt werden und der Student Benno Ohnesorg von einem Kriminalbeamten – angeblich aus Notwehr – erschossen wird. Das Geschehen führt zu einer Welle von Protestaktionen in allen deutschen Universitätsstädten.

Schon die außergewöhnlichen Sicherheitsmaßnahmen der deutschen Behörden anläßlich des

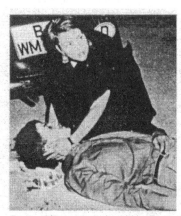

Benno Ohnesorg stirbt auf der Straße.

Staatsbesuchs mit Sperrung von Autobahnen, des Rheins und anderer Verkehrswege sowie der Überwachung aller in der Bundesrepublik ansässigen Iraner hat die öffentliche Meinung aufgebracht.

Chronik des 20. Jahrhunderts, S. 980
© Harenberg Verlag, Dortmund 1983

Der Studentenführer Rudi Dutschke

Die Notstandsgesetze sollten das **Notstandsrecht**, das sich nach 1945 in der Hand der Alliierten befand, **durch** ein **deutsches Gesetz** und **deutsche Zuständigkeit** ablösen.

Als **äußerer Notstand** wurde der „Verteidigungsfall", der Angriff auf das Bundesgebiet mit Waffengewalt verstanden. Als **innerer Notstand** galt die drohende Gefahr für den Bestand oder die Sicherheit der „freiheitlich demokratischen Grundordnung des Bundes oder eines Landes". Im Notstandsgesetz wurden auch Regelungen für den Fall von Naturkatastrophen oder besonders schweren Unglücksfällen getroffen.

-Am 14. Juni gab auch der Bundesrat dem Gesetz seine Zustimmung. Die Verfassungsänderung trat in Kraft.

Wichtige Bestimmungen der Notstandsgesetze:

Artikel 12a (Dienstverpflichtungen)
1. Männer können vom vollendeten achtzehnten Lebensjahr an zum Dienst in den Streitkräften, im Bundesgrenzschutz oder in einem Zivilschutzverband verpflichtet werden.
2. Wer aus Gewissensgründen den Kriegsdienst mit der Waffe verweigert, kann zu einem Ersatzdienst verpflichtet werden. Die Dauer des Ersatzdienstes darf die Dauer des Wehrdienstes nicht übersteigen. Das Nähere regelt ein Gesetz, das die Freiheit der Gewissensentscheidung nicht beeinträchtigen darf und auch eine Möglichkeit des Ersatzdienstes vorsehen muß, die in keinem Zusammenhang mit den Verbänden der Streitkräfte und des Bundesgrenzschutzes steht.
4. Kann im Verteidigungsfall der Bedarf an zivilen Dienstleistungen im zivilen Sanitäts- und Heilwesen sowie in der ortsfesten militärischen Lazarettorganisation nicht auf freiwilliger Grundlage gedeckt werden, so können Frauen vom vollendeten achtzehnten bis zum vollendeten fünfundfünfzigsten Lebensjahr durch Gesetz oder auf Grund eines Gesetzes zu derartigen Dienstleistungen herangezogen werden. Sie dürfen in keinem Fall Dienst mit der Waffe leisten.

Artikel 87a (Einsatz der Streitkräfte im Inneren)
4. Zur Abwehr einer drohenden Gefahr, für den Bestand oder die freiheitliche demokratische Grundordnung des Bundes oder eines Landes kann die Bundesregierung, wenn die Voraussetzungen des Artikels 91 Abs. 2 vorliegen und die Polizeikräfte sowie der Bundesgrenzschutz nicht ausreichen, Streitkräfte zur Unterstützung der Polizei und des Bundesgrenzschutzes beim Schutze von zivilen Objekten und bei der Bekämpfung organisierter und militärisch bewaffneter Aufständischer einsetzen. Der Einsatz von Streitkräften ist einzustellen, wenn der Bundestag oder der Bundesrat es verlangt.

Artikel 115b
Mit der Verkündung des Verteidigungsfalles geht die Befehls- und Kommandogewalt über die Streitkräfte auf den Bundeskanzler über.

Die Bundesregierung veröffentlichte am 1. Juni 1968 in allen Tageszeitungen der Bundesrepublik Deutschland den Wortlaut der Notstandsgesetze. Neben den Text stellte sie folgende Erklärung:

Wir alle wollen keinen Notstand.
Unser Staat hat die Pflicht, Vorsorge zu treffen für Zeiten der Not und Gefahr.
Die Notstandsverfassung sichert die demokratischen Rechte auch im Notfall. Es wird – keine Diktatur – keine Zwangsarbeit – keine Einschränkung des Streikrechts – keine willkürlichen Verhaftungen geben.
Die Notstandsverfassung schützt die innere und äußere Freiheit der Bundesrepublik.
Jeder sollte den Text der Notstandsverfassung kennen. Nichts ist geheim. Lesen Sie den nebenstehenden Wortlaut, und bewahren Sie die Seite auf!
Unser Staat, von uns gemeinsam aufgebaut, verdient, daß wir ihn schützen.

Notstands-Proteste

13. Mai. Auch in der Bundesrepublik gehen die Studenten auf die Straße, allerdings kommt es nicht zu harten Konfrontationen wie in Frankreich. Die deutschen Studenten protestieren gegen die beabsichtigte Verabschiedung einer Notstandsverfassung, in der viele Gegner eine Bedrohung demokratischer Grundrechte sehen. Höhepunkt der Proteste ist ein Sternmarsch, zu dem am 13. Mai etwa 30 000 Demonstranten in Bonn zusammenkommen. Der Bundestag verabschiedet am 30. Mai die Notstandsverfassung mit 384 gegen 100 Stimmen, wobei etwa 50 Abgeordnete der SPD zusammen mit der FDP dagegen votieren.

THEMA
Die sozial-liberale Koalition (1969 - 1982)

LERNZIELE

- Erkenntis, daß die Parteien der SPD und der FDP die sozial-liberale Koalition bildeten
- Kennenlernen der Führungsspitze der sozial-liberalen Koalition seit 1969
- Erkenntnis, daß die sozial-liberale Koalition in ihrer Außenpolitik vor allem das Gespräch mit dem Osten gesucht hat (Friedensnobelpreis für Willy Brandt)
- Wissen um die innerpolitischen Schwierigkeiten dieser Koalition (Terrorismus)

ARBEITSMITTEL/MEDIEN/LITERATURHINWEISE

Arbeitsblatt mit Lösung
Folien (Grafik; Karikatur; Text Nobelpreis für Brandt)
Bilder
Texte S. 83/84 aus:
Chronik des 20. Jahrhunderts, S. 1028 u. S. 1200
© Harenberg Verlag, Dortmund 1983

TAFELBILD/FOLIEN
Die sozial-liberale Koalition (1969 - 1982)

außenpolitisch:

- Ostpolitik = Verständigungspolitik

- Verträge mit UdSSR und Polen

- Grundlagenvertrag mit DDR

- Friedensnobelpreis für Willy Brandt

innenpolitisch:

- Terror-Anschläge der "Rote Armee Fraktion" (RAF)

- Reformen im Bildungswesen

Probleme blieben:

- Nationale Einheit   Zwei-Staaten-Theorie

- Westgrenze Polen

- Heimatrecht der Vertriebenen

- internationaler Terrorismus

Mehrere zum Teil international organisierte Terroristengruppen versuchten nach Abflauen der Studentenunruhen 1967/68 durch spektakuläre Anschläge die Bundesbürger zu verunsichern und das „System" gewaltsam zu verändern. Besonders im Jahr 1977 erschreckten die grausamen Morde an Generalbundesanwalt Buback, am Bankier Ponto und an dem Wirtschaftsführer Schleyer die Öffentlichkeit. Im gleichen Jahr wurde bei der Entführung einer Lufthansamaschine zur Freipressung inhaftierter Terroristen auch der Flugkapitän Schumann erschossen.

Attentat auf Generalbundesanwalt Buback am 7.April 1977 in Karlsruhe
Arbeitgeberpräsident Hans Martin Schleyer, zwei Tage vor seiner "Hinrichtung"

METHODE	LERNINHALTE (STOFF)	ZEIT
Unterrichtsstufe (Teil) Zielangabe und (Teil) Zusammenfassung Lehr / Lernakte Medieneinsatz	Tafelanschrift (bzw. Folie)	

I. HINFÜHRUNG

Anknüpfung an die vorige Stunde

Impuls

    L: In den 60er Jahren gab es eine noch nie dagewesene Regierung!
    SS: SPD und CDU/CSU bildeten die große Koalition. Kanzler KIESINGER ...

stummer Impuls

    L: zeigt Dias (BRANDT, SCHEEL)
    SS: WILLY BRANDT wurde Bundeskanzler, SCHEEL wurde Außenminister Zusammenschluß von SPD und FDP

Z i e l a n g a b e   TA

> Die sozialliberale Koaltion von 1969 - 1982

II. ERARBEITUNG:

Klärung des Begriffs "Sozialliberale Koalition"

AA

    1. Beschreibe die Führungsspitze der sozialliberalen Koalition ab dem Jahr 1969!
    2. Auf welchem Bereich lag der Schwerpunkt der Außenpolitik?
    3. Mit welchen innenpolitischen Aufgaben hatte es die sozialliberale Koalition zu tun?

Auswertung

    SS: 1. BRANDT - SCHMIDT
            SCHEEL - GENSCHER
    2. Aussöhnung mit dem Osten
    3. Bekämpfung der BAADER-MEINHOF-Bande, RAF

III. VERTIEFUNG:

Ges.Whg.

IV. SICHERUNG   AB

V. AUSWEITUNG:

Möglichkeiten

    Die Rolle der BAADER-MEINHOF Bande und die Nachfolgeorganisation der RAF
    Friedensnobelpreis für WILLY BRANDT
    Die Ära HELMUT SCHMIDT
    Die Ostverträge

Impuls

    L: Seit 1982 hat sich politisch etwas verändert.
    SS: Seit 1982 ist HELMUT KOHL Bundeskanzler.
    Regierung mit der FDP ...

GESCHICHTE	Name	Klasse	Datum	Nr.

Die sozialliberale Koalition (1969 - 1982)

Wahlperioden	Bundeskanzler	Koalitionen
1969 - 72	_____	SPD - FDP
1972 - 76	_____	SPD - FDP
1976 - 80	_____	SPD - FDP
1980 - 82	_____	SPD - FDP

Die Wahl von Gustav Heinemann (SPD) zum Bundespräsidenten im März 1969 zeigte, daß sich die Machtverhältnisse verschoben hatten. Nach der Bundestagswahl im September 1969 bildeten die Parteien der _____ und der _____ die sogenannte _____ .
Bundeskanzler wurde zum ersten Mal in der Geschichte der Bundesrepublik Deutschland ein Sozialdemokrat: _____ .**Außenminister** wurde _____ .

In der Außenpolitik suchte die sozialliberale Koalition unter der Führung von Willy Brandt den Kontakt mit dem Osten. Für diese Politik der Aussöhnung mit dem Osten bekam Willy Brandt im Jahr 1971 den _____ _____ verliehen.

Drei Verträge sind dabei von besonderer Bedeutung:
1. Der _____ , der die Grundlagen der Beziehungen zwischen der _____ und der _____ regelt (_____).
2. Der Vertrag mit der _____ (_____).
3. Der Vertrag mit _____ (_____).

Willy Brandt trat im Jahr 1974 nach der Enttarnung eines DDR-Spions im Bundeskanzleramt zurück; sein Nachfolger wurde _____ , Außenminister wurde _____ .
Eines der größten innenpolitischen Probleme wurde die Bekämpfung der _____ .
_____ und später der sogenannten _____ , die durch terroristische Anschläge das politische System der Bundesrepublik verändern wollten.
(_____).

GESCHICHTE	Name		Klasse	Datum	Nr.

Die sozialliberale Koalition (1969 - 1982)

Wahlperioden	Bundeskanzler	Koalitionen
1969 - 72	*Willy Brandt*	SPD - FDP
1972 - 76	*Willy Brandt (bis 1974)*	SPD - FDP
1976 - 80	*Helmut Schmidt*	SPD - FDP
1980 - 82	*Helmut Schmidt*	SPD - FDP

Die Wahl von Gustav Heinemann (SPD) zum Bundespräsidenten im März 1969 zeigte, daß sich die Machtverhältnisse verschoben hatten. Nach der Bundestagswahl im September 1969 bildeten die Parteien der __*SPD*__ und der __*FDP*__ die sogenannte __*sozialliberale Koalition*__ .

Bundeskanzler wurde zum ersten Mal in der Geschichte der Bundesrepublik Deutschland ein Sozialdemokrat: __*Willy Brandt*__ . **Außenminister** wurde __*Walter Scheel*__ .

In der Außenpolitik suchte die sozialliberale Koalition unter der Führung von Willy Brandt den Kontakt mit dem Osten. Für diese Politik der Aussöhnung mit dem Osten bekam Willy Brandt im Jahr 1971 den __*Friedens-*__ __*nobelpreis*__ verliehen.

Drei Verträge sind dabei von besonderer Bedeutung:

1. Der __*Grundlagenvertrag*__ , der die Grundlagen der Beziehungen zwischen der __*BRD*__ und der __*DDR*__ regelt (__*1972*__).
2. Der Vertrag mit der __*UdSSR*__ (__*1972*__).
3. Der Vertrag mit __*Polen*__ (__*1972*__).

Willy Brandt trat im Jahr 1974 nach der Enttarnung eines DDR-Spions im Bundeskanzleramt zurück; sein Nachfolger wurde __*Helmut Schmidt*__ , Außenminister wurde __*Hans-Dietrich Genscher*__ .

Eines der größten innenpolitischen Probleme wurde die Bekämpfung der __*Baader-Meinhof-*__ __*Bande*__ und später der sogenannten __*"Rote-Armee-Fraktion"*__ , die durch terroristische Anschläge das politische System der Bundesrepublik verändern wollten.

(__*Morde an Buback, Ponto, Schleyer im Jahr 1977*__).

Bruch der Koalition in Bonn

17./26. September. Die seit 13 Jahren bestehende Koalition aus SPD und FDP in Bonn bricht auseinander, als die vier FDP-Mitglieder im Kabinett, Außenminister Hans-Dietrich Genscher, Innenminister Gerhart Baum, Wirtschaftsminister Otto Graf Lambsdorff und Landwirtschaftsminister Josef Ertl ihren Rücktritt erklären.

Unmittelbar vor der Regierungserklärung, in der Bundeskanzler Helmut Schmidt die vier Minister zum Rücktritt auffordern wollte, geben diese ihre Demission bekannt. Schmidt, der zunächst eine Minderheits-Regierung weiter führen will, ruft alle Parteien zu Neuwahlen auf.

Oppositionsführer Helmut Kohl (CDU) kündigt dagegen an, daß er über den Weg des konstruktiven Mißtrauensvotums Bundeskanzler einer CDU/CSU/FDP-Regierung werden wolle.

Der FDP-Vorsitzende Genscher erklärt in einer Rede die grundsätzliche Bereitschaft seiner Partei, eine Regierungs-Koalition mit der CDU/CSU zu bilden. Genscher nimmt damit eine Spaltung der FDP in Kauf.

Ausschlaggebend für den Bruch der Bonner Koalition sind Auseinandersetzungen um den Haushalt 1983, notwendige Sparmaßnahmen, die das soziale Netz in der Bundesrepublik Deutschland be-

rühren, sowie die Existenzsorgen der FDP. Die Koalitionsaussage zugunsten der CDU vom 17. Juni für die Wahlen in Hessen sollte die Liberalen stärken und – bei erfolgreichem Abschneiden – auch in Bonn durchgeführt werden.

Die Wahlen zum Hessischen Landtag am 26. September bringen dann jedoch ein überraschendes Ergebnis. Die CDU verfehlt mit 45,6 Prozent (1978: 46,0 Prozent) die absolute Mehrheit, die SPD verzeichnet mit 42,8 Prozent (1978: 44,3 Prozent) nicht die von den Demoskopen vorausgesagten Verluste und die Grünen ziehen mit 8,0 Prozent erstmals in den Landtag ein.

Eindeutiger Verlierer ist die FDP, deren Wahlergebnis von 3,1 Prozent einen Rückgang um 3,5 Prozent gegenüber 1978 darstellt. Dieser Stimmenverlust wird auf die Koalitionsaussage zugunsten der hessischen CDU und auf das Auseinanderbrechen der Bonner Koalition zurückgeführt.

Ministerpräsident Holger Börner (SPD) will mit einer Minderheitsregierung im Amt bleiben und lehnt die von CDU und FDP noch am Wahlabend geforderten baldigen Neuwahlen ab.

Trotz des schlechten Wahlausgangs in Hessen wollen die Führungsspitzen von FDP und CDU/CSU in Bonn an ihrem geplanten Mißtrauensvotum gegen Bundeskanzler Schmidt festhalten (→ 1. 10. 1982).

„Ihr sitzt auf unseren Plätzen" (Karikatur von E. M. Lang)

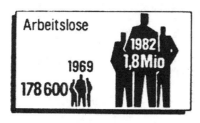

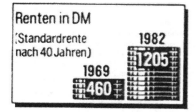

13 Jahre sozial-liberale Koalition
(1982 = z. T. geschätzt)

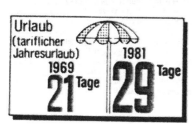

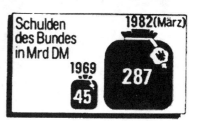

Die Unterzeichnung des Moskauer Vertrags 1970. Von links: Außenminister Scheel, Bundeskanzler Brandt, Ministerpräsident Kossygin, Außenminister Gromyko.

Bundeskanzler Willy Brandts Kniefall am Mahnmal im Warschauer Ghetto.

18. 12. 1969
W. Ulbricht, Staatsratsvorsitzender der DDR, schickt den Entwurf eines Vertrages zu Beziehungen zwischen »der DDR und BRD« an Bundespräsident Heinemann.
März 1970
Treffen Brandt–Stoph in Erfurt
26. 3. 1970
Beginn der Berlin-Verhandlungen
Mai 1970
Treffen Brandt–Stoph in Kassel
12. 8. 1970
Moskauer Vertrag
7. 12. 1970
Warschauer Vertrag
3. 9. 1971
Abschluß des Berlin-Abkommens
17. 12. 1971
Innerdeutsches Transitabkommen
Innerdeutsche Verhandlungen
17. 5. 1972
Ratifizierung der Ostverträge
3. 6. 1972
Inkrafttreten des Berlin-Abkommens
21. 12. 1972
»Grundlagenvertrag« mit der DDR
11. 12. 1973
Vertrag mit der ČSSR

Nobelpreis für Brandt

20. Oktober. Das Nobelpreiskomitee des norwegischen Parlaments gibt bekannt, daß der Friedensnobelpreis 1971 an Bundeskanzler Willy Brandt verliehen wird. Brandt ist nach Gustav Stresemann (1926), Ludwig Quidde (1927) und Carl von Ossietzky (1935) der vierte Deutsche, der so geehrt wird.

In Bonn laufen gerade die Haushaltsberatungen im Bundestag, als die Nachricht eintrifft. Bundestagspräsident Kai-Uwe von Hassel unterbricht die Sitzung, gibt die Ehrung bekannt und beglückwünscht Brandt mit folgenden Worten: »Herr Bundeskanzler, diese Auszeichnung ehrt Ihre aufrichtigen Bemühungen um den Frieden in der Welt und um die Verständigung zwischen den Völkern. Der ganze Deutsche Bundestag gratuliert ohne Unterschied der politischen Standorte Ihnen zu dieser hohen Ehrung.«

Zur Begründung der Verleihung wird vom Komitee in Oslo mitgeteilt, Brandt habe als Kanzler der Bundesrepublik die Hand zur Versöhnung zwischen alten Feindesländern ausgestreckt. Er habe im Geiste guten Willens einen hervorragenden Beitrag geleistet, um die Bedingungen für einen Frieden in Europa zu schaffen. Die Entscheidung für Brandt sei leicht gewesen, man habe ihn mit großer Freude gewählt.

THEMA

Die christlich-liberale Koalition (1982 - 1990)

LERNZIELE

- Erkenntis, wie es zur Machtübernahme durch Helmut Kohl kam
- Erkenntnis, daß in den 80er Jahren die Partei der Grünen den Einzug in Länderparlamente und in den Bundestag schaffte
- Erkenntnis, daß unter Helmut Kohl die deutsche Einigung vollzogen wurde

ARBEITSMITTEL/MEDIEN/LITERATURHINWEISE

Arbeitsblatt mit Lösung
Folie (Regierung und Opposition seit 1949)

TAFELBILD/FOLIEN

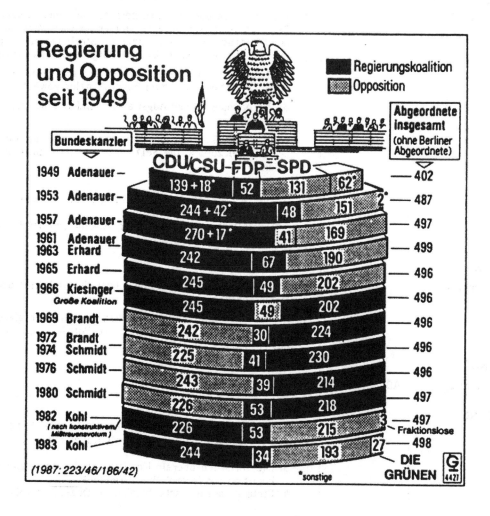

Unterrichtsstufe Zielangabe METHODE			LERNINHALTE (STOFF) Tafelanschrift (bzw. Folie)	ZEIT
TZ und (TZ) Zust.	Lehr / Lernakte	Medieneinsatz		
I. HINFÜHRUNG		Folie	(Regierung und Opposition seit 1949)	
	Impuls		L: Die sozialliberale Koalition zerbricht.	
			SS: CDU/CSU und FDP bilden die Regierungskoalition	
Begriffsfindung/ **Z i e l a n g a b e :**		TA	Die christlich-liberale Koalition (1982 - 1990)	
II. ERARBEITUNG				
	Impuls		L: Das Schaubild kann dir Antworten auf wichtige politische Entwicklungen in den 90er Jahren geben.	
	AA/PA/GA		L: Beantworte folgende Fragen:	
			1. Wie lange bestand noch die sozialliberale Koalition?	
			2. Wie kam es zur Machtübernahme durch Helmut Kohl? (GG Art. 67!)	
			3. Wann fanden die nächsten Bundestagswahlen statt?	
			4. Welche Ergebnisse brachten diese Wahlen für die einzelnen Parteien?	
			5. Welche Partei schafft zum ersten Mal den Einzug in den Bundestag? Welche Schwerpunkte ihrer Politik kennst du?	
	Auswertung		1. Sie bestand noch bis 1982, konnte jedoch die Legislaturperiode von 4 Jahren nicht überstehen.	
	L.-Info		L: Die sozialliberale Koalition zerbrach an einer steigenden Zahl von Arbeitslosen, einer immer höheren Verschuldung der öffentlichen Haushalte und am Streit um die vom damaligen Bundeskanzler Schmidt vorgesehene Nachrüstung.	
			2. Helmut Kohl wurde im Rahmen des sog. "Konstruktiven Mißtrauensvotums" zum Bundeskanzler gewählt.	
			3. Die nächsten Bundestagswahlen fanden 1983 und 1987 statt.	
			4. CDU/CSU konnten ihre Stimmenanteile vermehren, die FDP fiel zurück, die SPD verlor ebenfalls Stimmen und die s. Schaubild	
			5. Die Grünen schaffen den Einzug in den Bundestag. Schwerpunkte ihrer Politik: Umweltschutz, Frauenpolitik, Abkehr von der Kernenergie, Abrüstung ...	
III. VERTIEFUNG				
	Impuls		L: Das Schaubild sagt auch etwas über die Stabilität der Regierungskoalitionen aus.	
			SS: ... stabile Koalitionen - die einzelnen Kanzler regieren relativ lange - solide, berechenbare Politik, auch für das Ausland.	
IV. SICHERUNG				
	Eintrag	AB		
V. AUSWEITUNG				
			1. Volkskammerwahl am 18. März 1990 in der DDR. 2. Bundeskanzler Helmut Kohl als Kanzler der deutschen Einheit. 3. Die christlich-liberale Koalition als letzte Regierungskoalition der "alten" Bundesrepublik. 4. Erste gesamtdeutsche Wahlen im Dezember 1990.	

GESCHICHTE	Name	Klasse	Datum	Nr.

Die christlich-liberale Koalition (ab 1982)

Bundeskanzler _____ (_____) und Außenminister _____

(_____) prägten die Politik der Bundesregierung seit dem Jahr 1982, in dem Helmut Kohl durch ein so-

genanntes _____ (s. GG Art. 67) seinen

Vorgänger _____ (_____)als Bundeskanzler ablöste.

Möglich wurde dieser Wechsel, nachdem sich die _____ von der Partei Helmut Schmidts abwandte und

eine Koalition mit der CDU/CSU einging.

Die frühere Koalition zerbrach _____

_____

_____

_____

_____

In den 80er Jahren tauchte erstmals eine Partei auf, die den Einzug in Länderparlamente, aber auch in den

Bundestag schaffte: _____ .

Hauptschwerpunkt ihrer Politik:

_____

_____

Bundeskanzler Helmut Kohl wird als der Bundeskanzler in die Geschichte eingehen, während dessen
Regierungszeit ein für die Deutschen außerordentlich wichtiges politisches Ereignis zustandekommt:

_____

_____

_____

_____

⇐

_____

_____

_____

⇒

GESCHICHTE	Name	Klasse	Datum	Nr.

Die christlich-liberale Koalition (ab 1982)

Bundeskanzler _Helmut Kohl_ (_CDU_) und Außenminister _Hans-Dietrich Genscher_

(_FDP_) prägten die Politik der Bundesregierung seit dem Jahr 1982, in dem Helmut Kohl durch ein so-

genanntes _"Konstruktives Mißtrauensvotum"_ (s. GG Art. 67) seinen

Vorgänger _Helmut Schmidt_ (_SPD_)als Bundeskanzler ablöste.

Möglich wurde dieser Wechsel, nachdem sich die _FDP_ von der Partei Helmut Schmidts abwandte und

eine Koalition mit der CDU/CSU einging.

Die frühere Koalition zerbrach _an einer stark zunehmenden Arbeitslosenzahl, einer immer_

höheren Staatsverschuldung und am Streit um die vom damaligen Bundeskanzler Helmut

Schmidt vorgesehene Nachrüstung.

In den 80er Jahren tauchte erstmals eine Partei auf, die den Einzug in Länderparlamente, aber auch in den

Bundestag schaffte: _Die Grünen_ .

Hauptschwerpunkt ihrer Politik:

Starke Gewichtung der Umwelt im politischen Programm, Ausstieg aus der Kernenergie,

Friedens- und Abrüstungspolitik

Bundeskanzler Helmut Kohl wird als der Bundeskanzler in die Geschichte eingehen, während dessen
Regierungszeit ein für die Deutschen außerordentlich wichtiges politisches Ereignis zustandekommt:

Wiedervereinigung Deutschlands

Bundeskanzler

Helmut Kohl

(CDU)

⇦

Außenminister

H.-D. Genscher

(FDP)

⇨

THEMA

Die Beziehungen zwischen den beiden deutschen Staaten

LERNZIELE

- Kennenlernen der Geschichte der deutschen Frage (Angebot der UdSSR 1952, Grundlagenvertrag, Entscheidung des Bundesverfassungsgerichtes, zwei deutsche Staaten in der UNO)
- Wissen, daß die Wiedervereinigung ein wichtiges Ziel jeder Bundesregierung war
- Informationen zur aktuellen politischen Lage

ARBEITSMITTEL/MEDIEN/LITERATURHINWEISE

Arbeitsblätter (2) mit Lösungen
Folien (Informationstexte)
Bilder

TAFELBILD/FOLIEN

Warum war die deutsche Frage offen?

- *Wiedervereinigung in Frieden und Freiheit*
- *gesamtdt. Wahlen*
- *Alleinvertretungsanspruch*

- *1. sozialistischer Staat auf deutschem Boden*
- *Übernahme des Kommunismus für die Bundesrepublik*
- *Abriegelung der Grenze*

Am 19. März 1970 kam es in Erfurt zum ersten Mal zu direkten Gesprächen zwischen den Regierungschefs der beiden deutschen Staaten Willy Brandt und Willi Stoph.

Drahtzaun und Todesstreifen

Soldaten der Nationalen Volksarmee und Bauarbeiter beim Bau der Berliner Mauer am 13. August 1961

METHODE Unterrichtsstufe (Teil) Zielangabe und (Teil) Zusammenfassung Lehr / Lernakte Medieneinsatz	LERNINHALTE (STOFF) Tafelanschrift (bzw. Folie)	ZEIT
I. HINFÜHRUNG: Anknüpfung an die vorige Stunde Impuls	L: Wir haben die staatliche Gliederung und die geschichtliche Entwicklung der DDR kennengelernt. SS: ...	
Z i e l a n g a b e TA	Die Beziehungen zwischen den beiden deutschen Staaten	

II. ERARBEITUNG:
 	
AA
	1. Wodurch ist die "Deutsche Frage"
	   erst entstanden?
	2. Welchen Vorschlag zur Deutschland-
	   politik machte die Sowjetunion und
	   wie verhielt sich der Westen?
	3. Was besagt der Grundlagenvertrag?
	4. Wie entschied das Bundesverfas-
	   sungsgericht über den Inhalt dieses
	   Vertrages?	

Auswertung	SS: 1. Entstanden durch den Gegensatz
	     zwischen der UdSSR und den West-
	     mächten.
	   2. Wiedervereinigung Deutschlands
	     als neutraler Staat.
	   3. Die beiden deutschen Staaten er-
	     kennen die Grenzen und ihre Selb-
	     ständigkeit an.
	   4. Der Vertrag ist kein Teilungsvertrag.	

III. VERTIEFUNG: Ges.Whg.		
IV. SICHERUNG: AB		
V. AUSWEITUNG: Impuls Aktuelles Material	L: Jede Bundesregierung, gleich welcher Partei sie angehört, war an ein ganz bestimmtes Ziel gebunden. SS: Ziel war die Wiedervereinigung der beiden deutschen Staaten.	

GESCHICHTE	Name		Klasse	Datum	Nr.

Die Beziehungen zwischen den beiden deutschen Staaten (1)

Die deutsch-deutschen Beziehungen waren lange Zeit durch gegenseitige Abgrenzung und Entfremdung gekennzeichnet. Worin lagen die Gründe?

_____   **Verfassung**   _____

_____   _____

_____   **Wiedervereinigung**   _____

_____   _____

_____   **Standpunkte**   _____

_____

_____

_____

_____

Innerhalb der internationalen Entspannungsbemühungen wandelte sich zu Beginn der 70er Jahre auch das Verhältnis zwischen den beiden deutschen Staaten.

1970 _____

_____

1972 _____

_____

_____

_____

1973 _____

_____

_____

GESCHICHTE	Name	Klasse	Datum	Nr.

Die Beziehungen zwischen den beiden deutschen Staaten (1)

Die deutsch-deutschen Beziehungen waren lange Zeit durch gegenseitige Abgrenzung und Entfremdung gekennzeichnet. Worin lagen die Gründe?

Wiedervereinigung in Frie-
den und Freiheit

durch gesamtdeutsche

Wahlen

Alleivertretungsanspruch

> **Verfassung**
>
> **Wiedervereinigung**
>
> **Standpunkte**

Der erste sozialistische Staat

auf deutschem Boden

durch Übernahme des Kommu-

nismus für die Bundesrepublik

Abriegelung der Grenze, eigene

Staatsbürgerschaft (Hymne/Fahne)

13. August 1961:

Bau der Berliner

Mauer

Schießbefehl

Innerhalb der internationalen Entspannungsbemühungen wandelte sich zu Beginn der 70er Jahre auch das Verhältnis zwischen den beiden deutschen Staaten.

1970 *Treffen deutscher Politiker in Erfurt und*

Kassel (Brandt/Stoph)

1972 *Menschliche Erleichterungen*

Grundlagenvertrag: Anerkennung zweier deut-

scher Staaten

Zusammenarbeit in Wirtschaft, Verkehr und

Kultur

1973 *Internationale Anerkennung der DDR*

Beide deutsche Staaten Mitglied der UN

GESCHICHTE	Name		Klasse	Datum	Nr.

Die Beziehungen zwischen den beiden deutschen Staaten (2)

Wenn wir von den Beziehungen zwischen den beiden deutschen Staaten sprechen, so meinen wir die politischen Beziehungen zwischen der _____ und der

_____ .

Entstanden ist die deutsche Frage durch den Gegensatz zwischen den _____ und

den _____ .

Im Jahr 1952 machte die Sowjetunion den Westmächten folgenden Vorschlag:

_____

_____

_____

Bundeskanzler Adenauer lehnte dieses Angebot ab. Seine Gründe waren folgende Überlegungen:

_____

_____

_____

_____

_____

_____

In den folgenden Jahren entfremdeten sich die beiden Teile Deutschlands immer mehr. Erst zu Beginn der 70er Jahre besserten sich die deutsch-deutschen Beziehungen durch den Abschluß der Ostverträge. Am 11. Mai 1973 wurde der Grundlagenvertrag vom Deutschen Bundestag angenommen. Dieser Vertrag ist bis heute umstritten. Das Bundesverfassungsgericht entschied:

_____

_____

_____

_____

_____

Somit war auch weiterhin für jede Bundesregierung diese in der Präambel des Grundgesetzes festgelegte Forderung ein immer aktuelles Ziel der Deutschlandpolitik:

Das gesamte Deutsche Volk bleibt aufgefordert in freier Selbstbestimmung die Einheit und Freiheit Deutschlands zu vollenden.

GESCHICHTE	Name	Klasse	Datum	Nr.

Die Beziehungen zwischen den beiden deutschen Staaten (2)

Wenn wir von den Beziehungen zwischen den beiden deutschen Staaten sprechen, so meinen wir die politischen Beziehungen zwischen der _Bundesrepublik Deutschland_ und der

Deutschen Demokratischen Republik .

Entstanden ist die deutsche Frage durch den Gegensatz zwischen den _Sowjets_ und

den _Westmächte_ .

Im Jahr 1952 machte die Sowjetunion den Westmächten folgenden Vorschlag:

Unter der Bedingung, daß Deutschland ein neutraler Staat würde, wollte sie die Wiedervereinigung zulassen und alle demokratischen Rechte gewährleisten.

Bundeskanzler Adenauer lehnte dieses Angebot ab. Seine Gründe waren folgende Überlegungen:

Eine Neutralisierung Deutschlands würde für sehr lange Zeit eine europäische Einigung blockieren: die westliche Front gegen den Kommunismus würde geschwächt, die USA würden sich enttäuscht aus Europa zurückziehen. Damit wäre das neutrale Deutschland über kurz oder lang der Macht der UdSSR preisgegeben.

In den folgenden Jahren entfremdeten sich die beiden Teile Deutschlands immer mehr. Erst zu Beginn der 70er Jahre besserten sich die deutsch-deutschen Beziehungen durch den Abschluß der Ostverträge. Am 11. Mai 1973 wurde der Grundlagenvertrag vom Deutschen Bundestag angenommen. Dieser Vertrag ist bis heute umstritten. Das Bundesverfassungsgericht entschied:

"Der Vertrag ist kein Teilungsvertrag, sondern ein Vertrag, der weder heute noch für die Zukunft ausschließt, daß die Bundesregierung jederzeit alles ihr Mögliche dafür tut, daß das deutsche Volk seine staatliche Einheit wieder organisieren kann."

Somit war auch weiterhin für jede Bundesregierung diese in der Präambel des Grundgesetzes festgelegte Forderung ein immer aktuelles Ziel der Deutschlandpolitik:

Das gesamte Deutsche Volk bleibt aufgefordert in freier Selbstbestimmung die Einheit und Freiheit Deutschlands zu vollenden.

© pb-verlag puchheim

THEMA

Die europäischen Kolonien Afrikas erkämpfen ihre Unabhängigkeit

LERNZIELE

- Erkenntnis, daß die meisten europäischen Kolonien nach dem 2. Weltkrieg ihre Unabhängigkeit erlangten
- Wissen um die geographische Lage dieser Länder
- Wissen, daß die meisten europäischen Kolonien heute Entwicklungsländer sind
- Wissen um das Konfliktpotential in diesen Ländern

ARBEITSMITTEL/MEDIEN/LITERATURHINWEISE

Arbeitsblatt mit Lösung
Folien (Karten)
Bilder
Atlas bzw. Landkarte

TAFELBILD/FOLIEN

Die europäischen Kolonien Afrikas erkämpfen ihre Unabhängigkeit

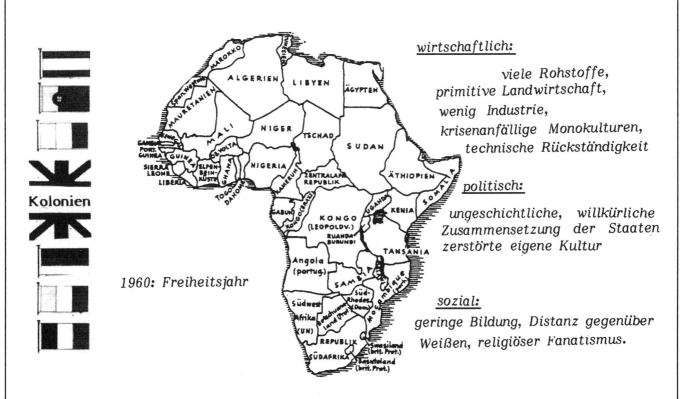

wirtschaftlich:

viele Rohstoffe,
primitive Landwirtschaft,
wenig Industrie,
krisenanfällige Monokulturen,
technische Rückständigkeit

politisch:

ungeschichtliche, willkürliche Zusammensetzung der Staaten
zerstörte eigene Kultur

sozial:

geringe Bildung, Distanz gegenüber Weißen, religiöser Fanatismus.

Kolonien

1960: Freiheitsjahr

| *Unterdrückung* | *Unabhängigkeit* | *Unterentwicklung* |

METHODE			LERNINHALTE (STOFF)	ZEIT
Unterrichtsstufe				
(Teil) Zielangabe und (Teil) Zusammenfassung			Tafelanschrift (bzw. Folie)	
	Lehr / Lernakte			
		Medieneinsatz		

I. HINFÜHRUNG:				
		Folie Geschichts-atlas	SS: Im Jahr 1919 waren in Afrika nur zwei Länder unabhängig. 1966 dagegen waren es fast alle Länder.	
	Begriffserklärung Kolonien, Kolonialmacht		Kolonien in Afrika	
	Impuls		L: Auch Deutschland hatte Kolonien in Afrika.	
			SS: ...	
	AA		L: Versuche, diese Länder auf der Karte zu finden.	
			SS: zeigen auf der Karte	
	Impuls		L: Du weißt nun, was wir uns heute genauer ansehen werden.	
Zielangabe		TA	Wie erhielten die Kolonien ihre Unabhängigkeit?	
II. ERARBEITUNG:				
	AA	Folie	SS: ...	
	Auswertung		SS: ...	
	AA		L: Zeige die Länder, die du gefunden hast, auf der Karte.	
			SS: zeigen auf der Karte (Indochina, Afrika)	
III. VERTIEFUNG:				
	Ges.Wdhlg.			
IV. SICHERUNG:		AB		
V. AUSWEITUNG:				
		Dias	L: zeigt Dias (Leben in Entwicklungsländern)	
	Impuls		L: Daß dies in diesen Ländern heute noch so ist, ist auch die Schuld der ehemaligen Kolonialmächte!	
			SS: ...	
	AA		L: Lies im Buch nach!	
	Auswertung		SS: Die Kolonialmächte beuteten die Kolonien aus, hinterließen aber kein gesundes politisches System!	
	Impuls		L: Du kannst auch erklären, warum rohstoffreiche Länder heute weltweite Krisenherde werden können.	
			SS: Die Industrienationen wollen von diesen Ländern Rohstoffe und Energie bekommen und versuchen, Einfluß zu nehmen.	
	Arbeit mit Statistiken Arbeit mit Aktuellem			

GESCHICHTE	Name		Klasse	Datum	Nr.

Wie erhielten die afrikanischen Kolonien ihre Unabhängigkeit? (1)

Der Erste Weltkrieg hatte den Europäern als Kolonialherrn schwer geschadet. Trotzdem beherrschten sie 1939 noch fast ein Drittel der Weltbevölkerung. Der Zweite Weltkrieg bewirkte endgültig den Niedergang des europäischen Kolonialismus. So entstanden in Südostasien die ersten unabhängigen Staaten nach dem Krieg:

_____

_____

_____

_____

In Afrika gab es 1945 nur 4 selbständige Staaten. Afrikanische Befreiungsbewegungen erstritten oftmals in blutigen Kämpfen ihre Unabhängigkeit. Im Jahre 1960 wurden _____ unabhängig.

Die meisten europäischen Kolonien sind heute _____. Sie wurden ausgebeutet, ohne daß sie eine eigene Wirtschaft aufbauen konnten. Kennzeichnend für diese Länder ist vor allem

_____. Häufig ist auch das politische System dieser Länder _____ .

Der Bedarf der Industriestaaten an billigen Rohstoffen und Energien hat dazu geführt, daß westliche und östliche Industrienationen die Rohstoffländer an sich zu binden versuchen. Damit entstehen gefährliche Interessenkonflikte und weltweite Krisenherde zwischen Ost und West.

Afrika 1914　　　　　　　　**Afrika 1980**

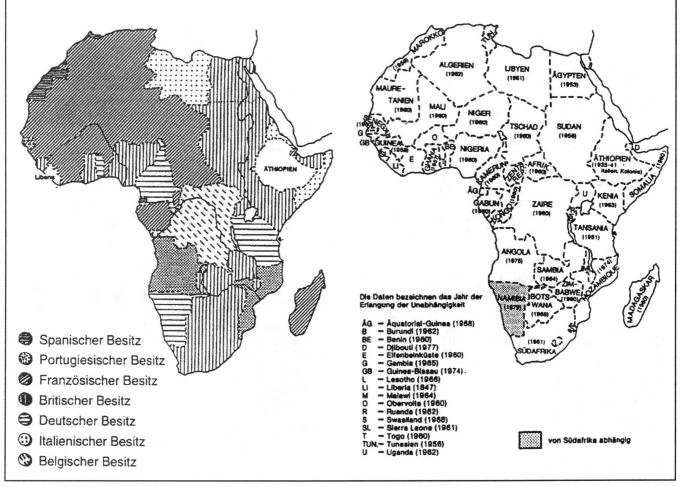

Die Daten bezeichnen das Jahr der Erlangung der Unabhängigkeit

ÄG – Äquatorial-Guinea (1968)
B – Burundi (1962)
BE – Benin (1960)
D – Djibouti (1977)
E – Elfenbeinküste (1960)
G – Gambia (1965)
GB – Guinea-Bissau (1974)
L – Lesotho (1966)
Li – Liberia (1847)
M – Malawi (1964)
O – Obervolta (1960)
R – Ruanda (1962)
S – Swasiland (1968)
SL – Sierra Leone (1961)
T – Togo (1960)
TUN.– Tunesien (1956)
U – Uganda (1962)

🐟 Spanischer Besitz
🕸 Portugiesischer Besitz
🎗 Französischer Besitz
🌐 Britischer Besitz
🎗 Deutscher Besitz
☺ Italienischer Besitz
🐚 Belgischer Besitz

von Südafrika abhängig

	Name	Klasse	Datum	Nr.
GESCHICHTE				

Wie erhielten die afrikanischen Kolonien ihre Unabhängigkeit? (1)

Der Erste Weltkrieg hatte den Europäern als Kolonialherrn schwer geschadet. Trotzdem beherrschten sie 1939 noch fast ein Drittel der Weltbevölkerung. Der Zweite Weltkrieg bewirkte endgültig den Niedergang des europäischen Kolonialismus. So entstanden in Südostasien die ersten unabhängigen Staaten nach dem Krieg:

Im Freiheitskampf gegen die Niederlande bildete sich 1945 die Republik Indonesien.

Großbritannien verlor Indien, Birma und Ceylon.

Frankreichs Rückkehr als Kolonialmacht nach Indochina scheiterte 1954 nach langem

Kampf gegen Vietnam.

In Afrika gab es 1945 nur 4 selbständige Staaten. Afrikanische Befreiungsbewegungen erstritten oftmals in blutigen Kämpfen ihre Unabhängigkeit. Im Jahre 1960 wurden *16 Kolonien* unabhängig.

Die meisten europäischen Kolonien sind heute *Entwicklungsländer* . Sie wurden ausgebeutet, ohne daß sie eine eigene Wirtschaft aufbauen konnten. Kennzeichnend für diese Länder ist vor allem *die Armut der Bevölkerung* . Häufig ist auch das politische System dieser Länder *instabil* .

Der Bedarf der Industriestaaten an billigen Rohstoffen und Energien hat dazu geführt, daß westliche und östliche Industrienationen die Rohstoffländer an sich zu binden versuchen. Damit entstehen gefährliche Interessenkonflikte und weltweite Krisenherde zwischen Ost und West.

Afrika 1914 **Afrika 1980**

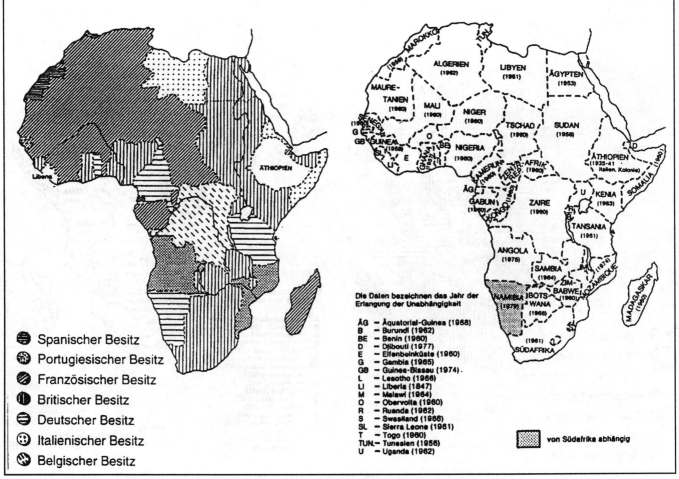

- 🜂 Spanischer Besitz
- ⊛ Portugiesischer Besitz
- ⊘ Französischer Besitz
- ⧯ Britischer Besitz
- ⊜ Deutscher Besitz
- ☺ Italienischer Besitz
- ⊗ Belgischer Besitz

Die Daten bezeichnen das Jahr der Erlangung der Unabhängigkeit

- ÄG – Äquatorial-Guinea (1968)
- B – Burundi (1962)
- BE – Benin (1960)
- D – Djibouti (1977)
- E – Elfenbeinküste (1960)
- G – Gambia (1965)
- GB – Guinea-Bissau (1974)
- L – Lesotho (1966)
- LI – Liberia (1847)
- M – Malawi (1964)
- O – Obervolta (1960)
- R – Ruanda (1962)
- S – Swasiland (1968)
- SL – Sierra Leone (1961)
- T – Togo (1960)
- TUN.– Tunesien (1956)
- U – Uganda (1962)

▨ von Südafrika abhängig

GESCHICHTE	Name	Klasse	Datum	Nr.

Wie erhielten die afrikanischen Kolonien ihre Unabhängigkeit? (2)

I. Viele Völker in den Kolonien forderten nach dem 2. Weltkrieg ihre staatliche Selbständigkeit und Unabhängigkeit von den europäischen Kolonialmächten. Dafür gab es vier Ursachen:

Die Jugend in den Kolonien
_____
_____
_____

_____
_____
_____
Die Alten in den Kolonien

Kolonial-mächte
_____
_____
_____

_____
_____
Vereinte Nationen

II. Doch bis heute kämpfen die selbständig gewordenen Staaten gegen die Unterentwicklung.

Dafür gibt es Gründe:

wirtschaftliche	politische	soziale
Rohstoffe	Unhabhängigkeit	Bevölkerung
Industrie		Bildung
Monokulturen	Zusammensetzung der Staaten	
Landwirtschaft	der eigenen Kultur	gegenüber Weißen
Rückständigkeit		Fanatismus

Die Folgen sind besonders schlimm:

_____

GESCHICHTE	Name	Klasse	Datum	Nr.

Wie erhielten die afrikanischen Kolonien ihre Unabhängigkeit? (2)

I. Viele Völker in den Kolonien forderten nach dem 2. Weltkrieg ihre staatliche Selbständigkeit und Unabhängigkeit von den europäischen Kolonialmächten. Dafür gab es vier Ursachen:

Die Jugend in den Kolonien	*Studium in Europa und Amerika, Demokratieverständnis, europ. und amerik. Kulturkenntnis*	*Kein Respekt vor den Weißen durch Kriegseinsatz*	Die Alten in den Kolonien
Kolonial-mächte	*Reformarbeit, um die Selbständigkeit der Staaten zu fördern*	*UN-Charta spricht allen Menschen Freiheit und Gleichberechtigung zu*	Vereinte Nationen

II. Doch bis heute kämpfen die selbständig gewordenen Staaten gegen die Unterentwicklung.

Dafür gibt es Gründe:

wirtschaftliche	politische	soziale
viele Rohstoffe	*staatliche* Unhabhängigkeit	*schnell wachsende* Bevölkerung
wenig Industrie	*ungeschichtliche, willkürliche*	*geringe* Bildung
krisenanfällige Monokulturen	Zusammensetzung der Staaten	*kritische Einstellung* gegenüber Weißen
primitive Landwirtschaft	*Zerstörung* der eigenen Kultur	
technische Rückständigkeit		*religiöser* Fanatismus

Die Folgen sind besonders schlimm:

hohe Sterblichkeit, Krankheiten, Seuchen, Hunger, Armut, geringe Leistung, geringes Volkseinkommen u.a.

THEMA
Indien erzwingt seine Unabhängigkeit

LERNZIELE

- Wissen um die Geschichte Indiens bis zur Unabhängigkeit
- Wissen, daß der Freiheitskampf Indiens untrennbar mit dem Namen Mahatma Gandhi verknüpft ist
- Kennenlernen der Folgen der Unabhängigkeit Indiens (Indien/Pakistan; Kämpfe zwischen den religiösen Gruppen)

ARBEITSMITTEL/MEDIEN/LITERATURHINWEISE

Arbeitsblatt mit Lösung
Folien (Karten, Informationstexte)
Bilder
Atlas bzw. Landkarte
Film/Video: "Gandhi"

Karte unten aus:
J. Weber: Geschichte entdecken 9
© C. C. Buchners Verlag, Bamberg 1988

TAFELBILD/FOLIEN

Indien erzwingt seine Unabhängigkeit

Indien 1870 - 1946

- englisches Kolonialgebiet

- Kastenwesen

- Gegensatz Hindus - Moslems

- wirtschaftliche Ausbeutung

1947

Unabhängigkeit

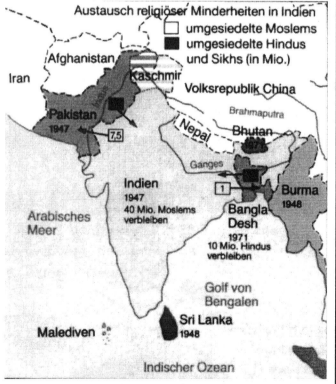

Er war der außergewöhnlichste Vorkämpfer für den Frieden. Doch es gibt noch mehr Gründe dafür, daß der Film über diesen überragenden Mann mit acht „Oscars" ausgezeichnet wurde

Fünfmal „Goldener Globus" für Gandhi

Mohandas Karamtschand Gandhi, genannt Mahamta („Große Seele"), einer der Führer der indischen Unabhängigkeitsbewegung. 1869 geboren, entstammte er einer wohlhabenden Hindufamilie, studierte in London, kämpfte für die Gleichberechtigung der Inder in Südafrika und seit 1914 für die Unabhängigkeit Indiens. Sein hohes Ansehen und seine Erfolge resultierten aus seinen Methoden des politischen Kampfes („gewaltloser Widerstand"). Gandhi wurde 1948 von einem fanatischen Hindu erschossen.

METHODE Unterrichtsstufe (Teil) Zielangabe und (Teil) Zusammenfassung Lehr / Lernakte Medieneinsatz	LERNINHALTE (STOFF) Tafelanschrift (bzw. Folie)	ZEIT
I. HINFÜHRUNG: stummer Impuls Zielangabe TA	L: zeigt Dia (heilige Kuh auf Indiens Straßen) SS: Indien, heilige Kuh, Kastenwesen, Hindus, Moslem ... ┌─────────────────────────────────┐ │ Indien erzwingt seine Unabhängigkeit │ └─────────────────────────────────┘	
II. ERARBEITUNG: AA: 1. Beschreibe die Geschichte Indiens bis zum Jahr 1947! 2. Welche Bedeutung für die indische Geschichte hat der Name MAHATMA GANDHI? 3. Welche Folgen brachte die Unabhängigkeitserklärung mit sich?	SS: 1. Indien unterschied sich von anderen Kolonialgebieten durch gesellschaftliche und politische Traditionen. Indien nahm im britischen Weltreich eine Sonderstellung ein. 1876: Königin v.England wird Kaiserin v. Indien. Aufstände gegen die englische Verwaltung. Verarmung durch Ausbeutung. 1947: Unabhängigkeit (Mahatma Gandhi) 2. M. GANDHI predigt den passiven Widerstand, Gewaltlosigkeit und trägt hiermit zur Erlangung der Unabhängigkeit bei. 3. Da sich Hindus und Moslems nicht einigen konnten, teilte man das Land in zwei Staaten auf: Indien und Pakistan.	
III. VERTIEFUNG: (G-Wi) IV. SICHERUNG: V. AUSWEITUNG: "GANDHI" (Film)		

GESCHICHTE	Name	Klasse	Datum	Nr.

Indien erzwingt seine Unabhängigkeit

Mahatma Gandhi (1869–1948)

Indien unterschied sich grundsätzlich von anderen europäischen Kolonialgebieten. Hier gab es gewachsene gesellschaftliche und politische Traditionen, die trotz der Eroberung durch die Europäer erhalten bleiben. Deshalb nahm Indien im britischen Weltreich eine gewisse _____ ein; die Königin von England wurde im Jahr _____ _____ _____. Trotz der gesellschaftlichen und religiösen Gegensätze (_____ _____) kam es zu Aufständen gegen die englische Verwaltung. Die Kolonialherrn kontrollierten das gesamte öffentliche Leben, die Verarmung des Landes nahm durch die _____ ständig zu.

Der Zweite Weltkrieg brachte auch für Indien eine Wende. Unter dem Zwang der politischen Veränderungen in Asien und dem Druck der Weltmeinung zogen die Engländer im Jahr _____ aus Indien ab. Damit hatte das Land seine _____ gewonnen.

Der Freiheitskampf Indiens ist eng verbunden mit dem Namen eines Mannes:. _____ _____ (_____) Er rief seine Landseute zum Protest auf, ermahnte sie aber gleichzeitig zur _____. Diese Methode der „Nicht-Zusammenarbeit" (_____) hatte zu dieser Entwicklung beigetragen. Gandhi hatte sie jahrelang mit wachsender Unterstützung der Bevölkerung betrieben. Die Freiheit erlangte Indien jedoch nur durch die Preisgabe der Einheit: Da sich _____ und _____ nicht einigen konnten, teilte man das riesige Land in zwei Staaten: _____ und _____. Millionen Flüchtlinge und blutige Kämpfe zwischen den verfeindeten religiösen Gruppen waren die Folge.

Mahatma Gandhi über seine politischen Vorstellungen zur Befreiung Indiens von britischer Kolonialherrschaft:
„Passiver Widerstand ist eine Methode zur Erringung von Rechten durch persönliches Leiden: es ist das Gegenteil von bewaffnetem Widerstand. Wenn ich mich weigere, etwas zu tun, das gegen mein Gewissen geht, dann setze ich meine Seelenstärke ein ...
Wir arbeiten mit unseren Herrschern nicht zusammen, wenn sie uns zuwider sind. Das ist passiver Widerstand."

GESCHICHTE	Name	Klasse	Datum	Nr.

Indien erzwingt seine Unabhängigkeit

Mahatma Gandhi (1869–1948)

Indien unterschied sich grundsätzlich von anderen europäischen Kolonialgebieten. Hier gab es gewachsene gesellschaftliche und politische Traditionen, die trotz der Eroberung durch die Europäer erhalten bleiben. Deshalb nahm Indien im britischen Weltreich eine gewisse __Sonderstellung__ ein; die Königin von England wurde im Jahr __1876__ __Kaiserin von Indien__. Trotz der gesellschaftlichen und religiösen Gegensätze (__Kastenwesen, Hindus und Moslem__) kam es zu Aufständen gegen die englische Verwaltung. Die Kolonialherrn kontrollierten das gesamte öffentliche Leben, die Verarmung des Landes nahm durch die __wirtschaftliche Ausbeutung__ ständig zu.

Der Zweite Weltkrieg brachte auch für Indien eine Wende. Unter dem Zwang der politischen Veränderungen in Asien und dem Druck der Weltmeinung zogen die Engländer im Jahr __1947__ aus Indien ab. Damit hatte das Land seine __Unabhängigkeit__ gewonnen.

Der Freiheitskampf Indiens ist eng verbunden mit dem Namen eines Mannes:. __Mahatma Gandhi__ (__1869 – 1948__) Er rief seine Landseute zum Protest auf, ermahnte sie aber gleichzeitig zur __Gewaltlosigkeit__. Diese Methode der „Nicht-Zusammenarbeit" (__passiver Widerstand__) hatte zu dieser Entwicklung beigetragen. Gandhi hatte sie jahrelang mit wachsender Unterstützung der Bevölkerung betrieben. Die Freiheit erlangte Indien jedoch nur durch die Preisgabe der Einheit: Da sich __Hindus__ und __Moslem__ nicht einigen konnten, teilte man das riesige Land in zwei Staaten: __Indien__ und __Pakistan__. Millionen Flüchtlinge und blutige Kämpfe zwischen den verfeindeten religiösen Gruppen waren die Folge.

> Mahatma Gandhi über seine politischen Vorstellungen zur Befreiung Indiens von britischer Kolonialherrschaft:
>
> *„Passiver Widerstand ist eine Methode zur Erringung von Rechten durch persönliches Leiden: es ist das Gegenteil von bewaffnetem Widerstand. Wenn ich mich weigere, etwas zu tun, das gegen mein Gewissen geht, dann setze ich meine Seelenstärke ein ...*
> *Wir arbeiten mit unseren Herrschern nicht zusammen, wenn sie uns zuwider sind. Das ist passiver Widerstand."*

Gandhi
1869—1948

Männer der Geschichte, S. 258 f.
© Neuer Kaiser Verlag, Klagenfurt 1980

Mohandas K. Gandhis Denken und Handeln bestimmte den Verlauf der Geschichte für wenigstens zwei Nationen nachhaltig. Dieser kleine, zarte, sanfte Mann begeisterte das indische Volk für den Kampf um seine Unabhängigkeit mit einer Waffe, die er selbst vorbildlich zu führen verstand — den gewaltlosen Widerstand.

Gandhis Ideen wurzelten in seiner Religion, dem Hinduismus. Er wuchs auf im Glauben an Gewaltlosigkeit, Toleranz und Achtung aller lebenden Kreaturen. Wie die meisten Hindus suchte er die Wahrheit, aber — anders als sie — im sozialen und politischen Handeln.

Gandhi an einer Spinnmaschine. Er fand die Wiederbelebung und Ausdehnung der Heimarbeit notwendig für Indiens unabhängiges wirtschaftliches Gedeihen.

Gandhi hielt die Selbstbestimmung des indischen Volkes für die Voraussetzung jeder sozialen Gerechtigkeit, aber seit über 300 Jahren waren die Briten in Indien und nicht zum Verzicht auf ihre reiche Kolonie bereit. Seinen Kampf begann Gandhi 1919 mit dem *Satyagraha*-(Festhalten an der Wahrheit)Feldzug. Tausende von Indern folgten seinem Aufruf, den Kauf britischer Waren, den Besuch britischer Schulen oder die Anrufung britischer Gerichte zu verweigern. Sie unternahmen Protestmärsche gegen britische Gesetze und legten sich vor britische Fahrzeuge. Die Briten verhängten Gefängnisstrafen gegen Gandhi und seine Anhänger, aber die Inder betrachteten einen Gefängnisaufenthalt als Bestandteil des zivilen Ungehorsams. Stolz stellten sie sich an, um inhaftiert zu werden. Gandhi und seine Anhänger brauchten 28 Jahre, ehe sich Großbritannien endgültig zurückzog und Indien 1947 seine Unabhängigkeit erlangte.

Gandhi hatte *Satyagraha* vorher schon anderweitig eingesetzt. Nach Abschluß seines Jurastudiums in London ging er 1893 nach Südafrika und erfuhr dort schon unmittelbar nach seiner Ankunft, daß die Inder demütigender Diskriminierung ausgesetzt waren. Auf der Reise von Durban nach Pretoria wurde er von einem Postkutscher verprügelt, aus einem Erster-Klasse-Abteil der Eisenbahn hinausgeworfen und in ein Hotel nicht hineingelassen, weil er ein Inder war. Gandhis Gerechtigkeitssinn war zutiefst getroffen. Er entschloß sich zu kämpfen. Länger als 20 Jahre blieb er in Südafrika und führte die indische Gemeinde in ihrem Kampf um Gleichberechtigung.

Zunächst verbreitete Gandhi Petitionen und legte sie dem einheimischen Gesetzgeber von Natal und der britischen Kolonialregierung vor. Er gab eine Wochenzeitung, die *Indian Opinion*, heraus und organisierte den „Natal Indian Congress", der die Interessen der Inder vertrat. 1909 ordnete die Transvaal-Regierung an, daß alle Inder sich registrieren und ihre Fingerabdrücke abnehmen lassen müßten, doch Gandhis Anhänger mißachteten

diesen Befehl. Damit begann seine erste Kampagne des zivilen Ungehorsams. Der südafrikanische Führer Jan Christian Smuts sah sich schließlich gezwungen, den Indern in Südafrika mehr menschliche Rechte zuzugestehen.

Während des Ersten Weltkriegs kehrte Gandhi als Held nach Indien zurück. Auf vielen Kriegsschauplätzen kämpften und starben indische Soldaten Seite an Seite mit englischen. Die Inder erwarteten nach dem Kriege mehr Selbstbestimmung, aber statt dessen wurden in Großbritannien 1919 die Rowlatt-Gesetze verabschiedet, die Inder wegen politischer Agitation jederzeit ohne Prozeß ins Gefängnis bringen konnten. Im selben Jahr befahl ein britischer Kommandant in Amritsar seinen Soldaten, in eine große Versammlung unbewaffneter indischer Zivilisten zu feuern. Bei diesem Massaker wurden 400 Inder getötet und weitere 1200 verletzt. Gandhi antwortete darauf mit einer ganzen Reihe von Kampagnen des gewaltlosen Widerstandes. Er führte Protestmärsche an und fastete. Tausende von Indern, unter ihnen auch Gandhi selbst, wurden verhaftet und eingesperrt.

Anfang der zwanziger Jahre wurde Gandhi Führer des Indischen Nationalkongresses, der 1885 gegründet worden war, um den politischen Unmut zu kanalisieren, aber inzwischen zum Forum für die Forderung nach Selbstbestimmung geworden war. Gandhi verwandelte den Nationalkongreß in ein wirksames politisches Instrument, das in nahezu jedem indischen Dorf Unterstützung fand. Später ging daraus die Kongreßpartei hervor.

Gandhi strebte mehr an als ein unabhängiges Indien. Ihm schwebte ein geeintes Land vor, in dem alle religiösen, kulturellen und Sprachgruppen in Frieden und Toleranz miteinander leben könnten, auch die „Unberührbaren", die Angehörigen der niedrigsten Kaste. Er hatte eigene soziale Pläne für den neuen Staat. Als Gegner der komplexen, technisierten modernen Gesellschaften wollte er für das indische Volk eine einfache, strenge Lebensführung. Das handgesponnene weiße Baumwollzeug, dessen Herstellung er 1921 zur Unterstützung des wirtschaftlichen Boykotts gefördert hatte, sollte auch weiterhin Grundlage der indischen Heimindustrie bleiben. Andere indische Patrioten waren mit Gandhis Zielsetzung nicht in allen Punkten einverstanden.

1945 übernahm in Großbritannien die Labour Party unter Clement Attlee die Macht und drängte unverzüglich auf Indiens Unabhängigkeit. Dem stand jedoch eine Auseinandersetzung zwischen dem Indischen Nationalkongreß und der Moslemliga im Wege, die einen Separatstaat für die indischen Moslems anstrebte. Schließlich gewan-

Gandhis persönlicher Besitz bei seinem Tod

nen die Moslems die Oberhand, und Indien erlangte im August 1947 die Unabhängigkeit für zwei getrennte Staaten: Indien und Pakistan. Diese Teilung war eine bittere Enttäuschung für Gandhi.

Als Millionen Moslems von Indien nach Pakistan und Millionen von Hindus in die entgegengesetzte Richtung zogen, kam es zu Gewalttätigkeiten. Gandhi bereiste die Gebiete, wo Aufruhr herrschte, und konnte den Gewalttätigkeiten in Kalkutta und Delhi schließlich ein Ende bereiten. Einige Tage später wurde er auf dem Weg zum Gebet von einem fanatischen Hindu, der ihm seine Toleranz gegenüber den Moslems verübelte, erschossen. Fassungslos erklärte sein Nachfolger Jawaharlal Nehru: „Aus unserem Leben ist das Licht gewichen, und um uns herrscht Finsternis."

Gandhi und Nehru 1946 bei einer Versammlung kurz vor der Erlangung der Unabhängigkeit Indiens

Mahatma Gandhi ermordet

30. Januar. Mohandas Karamchand Gandhi, der den Beinamen Mahatma trägt (Sanskrit: »Dessen Seele groß ist«), wird im Alter von 78 Jahren in Delhi bei einem Attentat getötet. Erschüttert über die Kämpfe zwischen Hindus, Mohammedanern und Sikhs, hatte Mahatma Gandhi, geistiger Führer der Indischen Union, eine neue Fastendemonstration begonnen, die die indische Regierung wiederholt veranlaßte, ihre Gegner zum Waffenstillstand aufzurufen, der schließlich am 15. Januar abgeschlossen wurde. Die Bereitschaft Gandhis, auch mit Moslems zu leben und zu verhandeln, führte am 20. Januar zum Bombenanschlag eines jungen Hindu auf das Haus des Politikers. Zehn Tage später wird Gandhi in seinem Garten von einem nationalistischen Hindu erschossen. Am folgenden Tag wird der Leichnam vor einer Menschenmenge aus vielen Hunderttausenden in Neu-Delhi verbrannt und die Asche am 12. Februar über den Ganges verstreut.

Gandhi stammte aus einer der führenden Familien Indiens. Nach dem Rechtsstudium in London ging er

Zehntausende seiner Anhänger geben Mahatma Gandhi bei der Leichenverbrennung in Rajghat das letzte Geleit.

nach Südafrika und nahm dort den Kampf gegen Rassendiskriminierung auf; er propagierte den Weg des passiven Widerstands und bürgerlichen Ungehorsams, was zu häufigen Verhaftungen führte. 1914 kehrte Gandhi nach Indien zurück, wo er sich in den folgenden Jahren mit den gleichen Mitteln wie in Südafrika für die Unabhängigkeit des Subkontinents einsetzte, wobei

er wiederholt inhaftiert wurde. Die Unabhängigkeit Indiens konnte Gandhis Erwartungen nicht erfüllen, da sie mit der staatlichen Teilung verbunden war. In der Zeit der Kämpfe und Konflikte während der vergangenen Monate setzte sich Mahatma Gandhi immer wieder bei den Moslems für Frieden und Brüderlichkeit zwischen den Menschen ein.

Chronik des 20. Jahrhunderts, S. 703
© Harenberg Verlag, Dortmund 1983

THEMA
Indien heute

LERNZIELE

- Kennenlernen der gegenwärtigen Lage Indiens in politischer, wirtschaftlicher und gesellschaftlicher Hinsicht
- Einblick in die Beziehungen Indiens zu Deutschland

ARBEITSMITTEL/MEDIEN/LITERATURHINWEISE

Arbeitsblatt mit Lösung
Folien (Karten)
Bilder

TAFELBILD/FOLIEN

Kernkraftwerk bei Bombay

Slum in Bombay

Moderne Fabrik in Puna

Vorbereiten des Reisfeldes

Hauptkasten:
1. **Brahmanen**
(Priester, Gelehrte)
2. **Kshyatriyas**
(Fürsten, Beamte, Soldaten)
3. **Vaishyas**
(Kaufleute, Handwerker, Bauern)
4. **Shudras**
(Arbeiter, Diener, Kleinbauern)

Harijans (bis 1955 Parias)
(Unberührbare, "Kinder Gottes")

Der Alltag trennt sie in Klassen. Nur vor den Göttern sind alle gleich.

DIE ZWEI GESICHTER INDIENS

Indien ist heute die neuntgrößte Industriemacht der Welt. Es stellt eigene Computer her, es baut eigene Atomkraftwerke. Das mit deutscher Hilfe erbaute Stahlwerk Rourkela gab den Anstoß für die Entwicklung einer Schwerindustrie. Während die Hälfte der Bevölkerung unter Ernährungsmängeln leidet, kreisen indische Satelliten auf einer Erdumlaufbahn, entwickeln Indiens Techniker Sonnenenergie-Anlagen und Atombomben.

Vier von fünf Kindern in Kalkutta haben weniger als 900 Kalorien pro Tag zu essen. Zwei Drittel aller Haushalte verfügen nach offiziellen Ziffern über weniger als 200 Rupien – etwa 60 Mark – im Monat. Sie stellen das Heer der Slumbewohner: Rikscha-Kulis, Gebäude-Reiniger, Bettler, Leute, die davon leben, daß sie den Müll auf verwertbare Materialien durchwühlen. Über den Hütten der Bustees (sprich: Basties), wie die Slums hier heißen, ziehen Geier ihre Kreise.

108

METHODE Unterrichtsstufe (Teil) Zielangabe und (Teil) Zusammenfassung Lehr / Lernakte • Medieneinsatz	LERNINHALTE (STOFF) Tafelanschrift (bzw. Folie)	ZEIT
I. HINFÜHRUNG: Anknüpfung an die vorige Stunde Z i e l a n g a b e TA **II. ERARBEITUNG:** AA: 1. Kennzeichne die gegenwärtige Lage Indiens in politischer Hinsicht! 2. Kennzeichne die gegenwärtige Lage Indiens in wirtschaft- licher Hinsicht! 3. Kennzeichne die gegenwärtige Lage Indiens in gesellschaft- licher Hinsicht! Einzelarbeit Partnerarbeit Gruppenarbeit Auswertung SS: **III. VERTIEFUNG:** (G-Wi) **IV. SICHERUNG:** AB **V. AUSWEITUNG:** Beziehungen zwischen der Bundesrepublik und Indien Entwicklungshilfe (Diskussion)	SS: Unabhängigkeit im Jahr 1947 MAHATMA GANDHI - passiver Widerstand Trennung: Indien und Pakistan Indien heute 1. parlament. demokrat. Verfassung, bundesstaatl. Gliederung, Mitglied im Commonwealth, Neutralitätspolitik Führendes Land der blockfreien Staaten 2. reich an Bodenschätzen, reich an fruchtbaren Gebieten, unterentwickelte Wirtschaftskraft, Nahrungsmittelproduktion hält nicht mit der Bevölkerungszunahme mit. 3. soziale Spannungen, Armut, religiöse Gegensätze, soziale Vorurteile, mangelndes Bildungswesen, gemeinsame Sprache fehlt.	

GESCHICHTE	Name	Klasse	Datum	Nr.

Indien heute

1. Politisch:

a) _____

b) _____

c) _____

d) _____

e) _____

f) _____

2. Wirtschaftlich:

a) _____

b) _____

c) _____

d) _____

e) _____

3. Gesellschaftlich:

a) _____

b) _____

c) _____

d) _____

e) _____

f) _____

Religionen in Indien

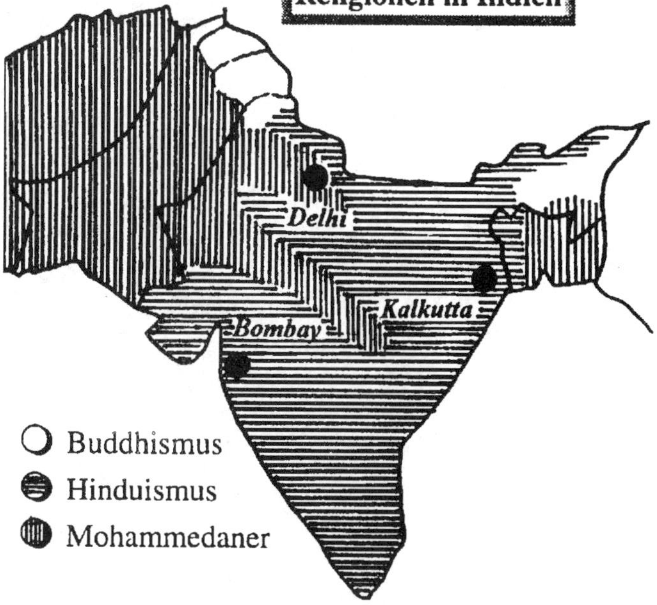

Delhi

Bombay Kalkutta

○ Buddhismus
● Hinduismus
⊕ Mohammedaner

Teilung Indiens

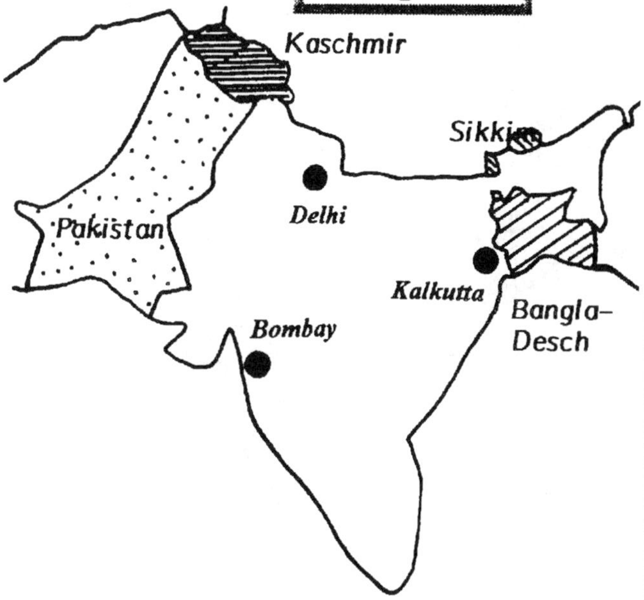

Kaschmir

Sikkim

Pakistan Delhi

Bombay Kalkutta

Bangla-Desch

GESCHICHTE	Name	Klasse	Datum	Nr.

Indien heute

1. Politisch:

a) _parlamentarische, demokratische Verfassung_

b) _bundesstaatliche Gliederung_

c) _Mitglied im Commonwealth_

d) _Neutralitätspolitik zwischen den großen Weltmächten_

e) _führendes Land unter den blockfreien Staaten_

f) _..._

2. Wirtschaftlich:

a) _reich an Bodenschätzen_

b) _reich an fruchtbaren Gebieten_

c) _Wirtschaftskraft ist unterentwickelt_

d) _Nahrungsproduktion hält nicht mit der Bevölkerungszunahme Schritt_

e) _..._

3. Gesellschaftlich:

a) _soziale Spannungen (reiche Maharadschas – arme Kleinbauern)_

b) _Armut, Hunger, Bevölkerungsexplosion_

c) _soziale Vorteile unter den Gesellschaftsklassen (Kasten – Brahmanen – Parias)_

d) _Bildungswesen mangelhaft_

e) _keine gemeinsame Sprache (ca. 80 Hauptsprachen)_

f) _religiöse Spannungen (Hindus und Moslem)_

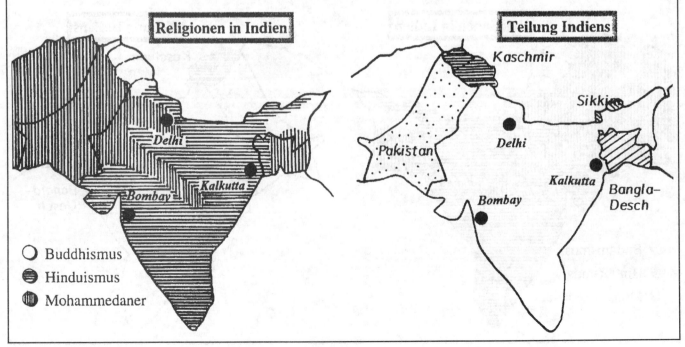

Religionen in Indien

Delhi
Kalkutta
Bombay

○ Buddhismus
◍ Hinduismus
▥ Mohammedaner

Teilung Indiens

Kaschmir
Sikkim
Pakistan
Delhi
Kalkutta
Bombay
Bangla-Desch

© pb-verlag puchheim

THEMA
Indochina, ein ständiger Krisenherd

LERNZIELE

- Wissen, daß Indochina die Staaten Laos, Kambodscha und Vietnam umfaßt
- Kennenlernen der Geschichte Indochinas bis zum Jahr 1964
- Beurteilung der Interessen Frankreichs und Amerikas an Indochina

ARBEITSMITTEL/MEDIEN/LITERATURHINWEISE

Arbeitsblätter (2) mit Lösungen
Folien (Karte, Informationstexte)
Bilder
Atlas bzw. Landkarte

TAFELBILD/FOLIEN

Indochina, ein ständiger Krisenherd

Dschungelkrieg in Vietnam

US-Soldaten suchen im Schutz von bewaffneten Hub-
schraubern ein Kampfgebiet nach Vietkong ab.

Die Cap Anamur
Das deutsche Schiff ist für viele Vietnamflüchtlinge,
die in kleinen Booten hilflos auf dem Südchine-
sischen Meer treiben, die letzte Rettung.

METHODE Unterrichtsstufe (Teil) Zielangabe und (Teil) Zusammenfassung Lehr / Lernakte ↓ Medieneinsatz	LERNINHALTE (STOFF) Tafelanschrift (bzw. Folie)	ZEIT

I. HINFÜHRUNG:
 	
    stummer Impuls
 	
    Impuls
 	
  Z i e l a n g a b e   TA
 	
II. ERARBEITUNG:
 	
   AA: Arbeite die Ge-
   schichte Indochinas
   bis zum Jahr 1964
   heraus!
 	
   Einzelarbeit -
   Partnerarbeit -
   Gruppenarbeit
 	
III. VERTIEFUNG:
 	
   Ges.Wdhlg.
 	
IV. SICHERUNG: AB
 	
V. AUSWEITUNG:
 	
   Impuls
 	
   Impuls
 	
   Impuls
	L: zeigt Folie (Kartenausschnitt Indochina)
	SS: Vietnam war Schauplatz eines Krieges ...
	    kommunistisches Regime ...
	L: Für dieses Gebiet verwendet man einen
	    bestimmten Begriff.
	
	┌─────────────────────────────┐
	│ Indochina - ein ständiger Krisenherd │
	└─────────────────────────────┘
	
	SS: 19. JH: Franzosen erobern Indochina
	    1919: HO TSCHI MINH fordert Unab-
	          hängigkeit
	    1940-45: Japan besetzt I.
	    1941: HO TSCHI MINH gründet Viet
	          Minh
	    1945: unabhängige Republik
	    1946: Franzosen versuchen I. zurück-
	          zuerobern
	    1954: vernichtende Niederlage Frank-
	          reichs.
	SS: 1954: Indochina-Konferenz, Teilung längs
	       des 17. Breitengrades in Nord- und
	       Südvietnam
	   Nordvietnam wird kommunistisch,
	   Südvietnam leidet unter Diem
	   1963: DIEM wird ermordet.
	      Einigung unter kommunistischer
	      Führung scheint bevorzustehen.
	SS: belegen ihre Aussagen mit Quellen
	
	L: Einigen Ländern wird die Entwicklung in
	   Indochina, bzw. in Vietnam recht ge-
	   wesen sein.
	SS: China, Sowjetunion
	   Vietnam wird kommunistisch ...
	L: Dagegen wird ein Land die Entwicklung
	   mit großer Sorge verfolgt haben.
	SS: USA, weil Vietnam unter kommunisti-
	   schen Einfluß gerät ...
	L: Wenn du dir die Weltkarte ansiehst, fin-
	   dest du noch weitere Gründe.
	SS: Wichtige Schiffahrtsrouten durch das
	   Südchinesische Meer ...	

GESCHICHTE	Name	Klasse	Datum	Nr.

Indochina, ein ständiger Krisenherd

_____Indochina (_____

_____) und errichteten dort eine Kolonialherrschaft. Bald schon

regte sich der erste Widerstand. Bereits im Jahr 1919 forderte der spätere Präsident Ho Tschi Minh die

Selbständigkeit seines Landes.

Im Zweiten Weltkrieg wurde Indochina von 1940 - 1945 von _____besetzt.

1941 gründete Ho Tschi Minh die „ _____ "

(_____). Die Liga wurde von den _____ finanziell unterstützt. Unmittelbar nach dem

Zusammenbruch Japans rief_____ 1945 die unabhängige Republik Vietnam aus.

Die Franzosen versuchten, ihre ehemalige Kolonie zurückzuerobern. Der nun ausbrechende Krieg erfaßte

auch Laos und Kambodscha. Im Jahr 1954 wurden die Franzosen vernichtend geschlagen.

Die Internationale Indochina-Konferenz im Jahr _____ in Genf beendete die französische Kolonialherr-

schaft in Indochina. Vietnam wurde längs des _____ in ein kommunisti-

sches _____ und ein _____ geteilt.

Wahlen sollten innerhalb von 2 Jahren eine gemeinsame Regierung ermöglichen.

Während Ho Tschi Minh in Nordvietnam mit Hilfe von _____rasch

ein _____ System errichtete, regierte in Südvietnam _____ ,

der die Unterstützung der USA genoß, sich aber bald als Diktator zeigte. Ein großer Teil der Bevölkerung

stellte sich deshalb gegen Diem.

Die Nordvietnamesen gründeten die „ _____

_____ ", die allmählich große Teile des

Landes unter Kontrolle bekam. Die Amerikaner konnten Diem

nicht länger stützen. Die Einigung Nord- und Südvietnams unter

einer _____schien

bevorzustehen. Diem wurde 1963 von Mitlitärs gestürzt und er-

mordet.

Sein Nachfolger erhielt sein 1964 von den USA große finanziel-

le und materielle Hilfe.

GESCHICHTE	Name	Klasse	Datum	Nr.

Indochina, ein ständiger Krisenherd

Im 19. Jahrhundert eroberten die _Franzosen_ Indochina (_Laos. Kambodscha und Vietnam_) und errichteten dort eine Kolonialherrschaft. Bald schon regte sich der erste Widerstand. Bereits im Jahr 1919 forderte der spätere Präsident Ho Tschi Minh die Selbständigkeit seines Landes.

Im Zweiten Weltkrieg wurde Indochina von 1940 - 1945 von _Japan_ besetzt. 1941 gründete Ho Tschi Minh die „ _Liga für die Unabhängigkeit Vietnams_ " (_Viet Minh_). Die Liga wurde von den _USA_ finanziell unterstützt. Unmittelbar nach dem Zusammenbruch Japans rief _Ho Tschi-minh_ 1945 die unabhängige Republik Vietnam aus.

Die Franzosen versuchten, ihre ehemalige Kolonie zurückzuerobern. Der nun ausbrechende Krieg erfaßte auch Laos und Kambodscha. Im Jahr 1954 wurden die Franzosen vernichtend geschlagen.

Die Internationale Indochina-Konferenz im Jahr _1954_ in Genf beendete die französische Kolonialherrschaft in Indochina. Vietnam wurde längs des _17. Breitengrades_ in ein kommunistisches _Nordvietnam_ und ein _westlich orientiertes Südvietnam_ geteilt. Wahlen sollten innerhalb von 2 Jahren eine gemeinsame Regierung ermöglichen.

Während Ho Tschi Minh in Nordvietnam mit Hilfe von _Moskau und Peking_ rasch ein _kommunistisches_ System errichtete, regierte in Südvietnam _Ngo Dinh Diem_ , der die Unterstützung der USA genoß, sich aber bald als Diktator zeigte. Ein großer Teil der Bevölkerung stellte sich deshalb gegen Diem.

Die Nordvietnamesen gründeten die „ _Nationale Befreiungsfront Südvietnam_ ", die allmählich große Teile des Landes unter Kontrolle bekam. Die Amerikaner konnten Diem nicht länger stützen. Die Einigung Nord- und Südvietnams unter einer _kommunistischen Regierung_ schien bevorzustehen. Diem wurde 1963 von Mitlitärs gestürzt und ermordet.

Sein Nachfolger erhielt sein 1964 von den USA große finanzielle und materielle Hilfe.

GESCHICHTE	Name	Klasse	Datum	Nr.

Krisenherd Vietnam

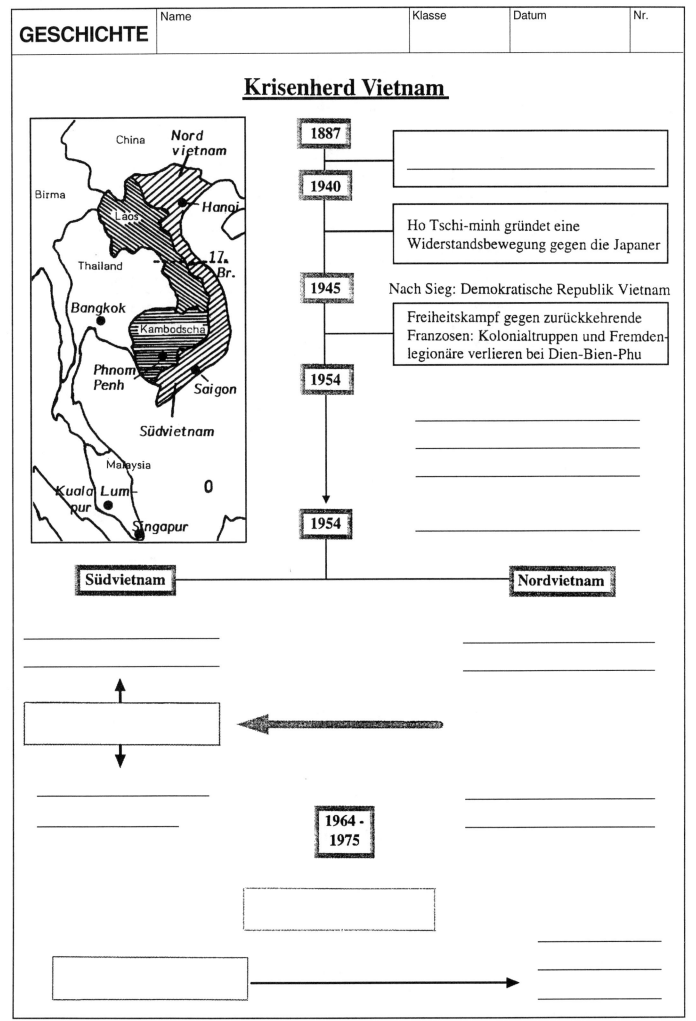

1887

1940

Ho Tschi-minh gründet eine Widerstandsbewegung gegen die Japaner

1945

Nach Sieg: Demokratische Republik Vietnam

Freiheitskampf gegen zurückkehrende Franzosen: Kolonialtruppen und Fremden-legionäre verlieren bei Dien-Bien-Phu

1954

1954

Südvietnam

Nordvietnam

1964 - 1975

GESCHICHTE	Name	Klasse	Datum	Nr.

Krisenherd Vietnam

China · Nord vietnam

Birma · Laos · Hanoi

Thailand · 17. Br.

Bangkok · Kambodscha

Phnom Penh · Saigon

Südvietnam

Malaysia

Kuala Lumpur · 0 · Singapur

1887 — *Französische Kolonie Indochina*

1940 — Ho Tschi-minh gründet eine Widerstandsbewegung gegen die Japaner

1945 — Nach Sieg: Demokratische Republik Vietnam

Freiheitskampf gegen zurückkehrende Franzosen: Kolonialtruppen und Fremdenlegionäre verlieren bei Dien-Bien-Phu

1954

Genfer Indochina–Konferenz beendet den Krieg –> 17. Breitengrad ist Trennungslinie

1954 — *Laos u. Kambodscha unabhängig*

Südvietnam — **Nordvietnam**

Prowestlicher Staat unter Präsident Diem

Kommunistische Volksrepublik unter Ho Tschi-minh

Vietcong

Militärberater und Waffenhilfe durch USA

Unterstützung durch China und UdSSR

1964 - 1975

Grausamer Kleinkrieg

Niederlage

Anschluß an den Norden (kommunistische Machtübernahme)

THEMA
Die Geschichte Vietnams seit 1964

LERNZIELE

- Wissen um die Geschichte Vietnams seit 1964
- Kennenlernen der Gründe für den Kriegseintritt der Amerikaner
- Kennenlernen der Folgen des Vernichtungskrieges für die Zivilbevölkerung
- Wissen, daß es heute noch eine Fluchtbewegung in Vietnam gibt

ARBEITSMITTEL/MEDIEN/LITERATURHINWEISE

Arbeitsblatt mit Lösung
Folien (Karte, Informationstexte)
Bilder
Atlas bzw. Landkarte

TAFELBILD/FOLIEN

Die Geschichte Vietnams seit 1964

Die drei Phasen des Vietnam-Kriegs

Krieg in Indochina – das heißt zunächst und vor allem Krieg in Vietnam. Aber das ruft auch Erinnerungen wach an Auseinandersetzungen in Laos; das weckt Bilder von bis in die Gegenwart reichenden Kämpfen in Kambodscha und an den kurzen Grenzkrieg zwischen den Volksrepubliken China und Vietnam. Gerade der eigentliche Krieg in Vietnam mit seinen drei Phasen – 1. französisch-vietnamesischer oder „schmutziger" Krieg bis 1954, 2. „amerikanische" (bis 1973) und 3. „vietnamesische" Phase (bis 1975) – hat nach anfänglicher Gleichgültigkeit zu heftigen Reaktionen in aller Welt geführt, die sich gegen die Form der Kriegführung, die Einmischung des Westens in die vietnamesische Auseinandersetzung und die amerikanische Unterstützung für ein autoritäres Regime gewendet haben. Gerade weil eine nach dem Zweiten Weltkrieg heranwachsende Generation sich kritisch in Europa und den USA gegen die Inhumanität der Kampfesführung auflehnte und eher mit den Guerillas und den Nordvietnamesen als mit den Verbänden, die für sich in Anspruch nahmen, „Freiheit" zu verteidigen, sympathisierten, wurde der Indo-china-Krieg auch zum hier nicht zu erörternden Gegenstand der Innenpolitik zahlreicher westlicher Staaten. Das Erschreckende bleibt jedoch, daß Indochina – und wieder besonders Vietnam – seit dem Zweiten Weltkrieg nicht zur Ruhe gelangt ist. Seit 1945 schlug das Streben nach Souveränität für viele Einwohner in einen Kampf um die Wahrung ihrer nackten Existenz um. Der Sieg der Vietnamesen über die Franzosen und dann auch über die amerikanischen Truppen hat allerdings das traditionelle Streben nach Kontrolle aller Staaten Hinterindiens verstärkt und dem kommunistischen Vietnam den Vorwurf des Imperialismus eingetragen.

Gödeke, P.: Kriege im Frieden, S. 172
© Westermann Verlag, Braunschweig 198?

METHODE Unterrichtsstufe (Teil) Zielangabe und (Teil) Zusammenfassung Lehr / Lernakte Medieneinsatz	LERNINHALTE (STOFF) Tafelanschrift (bzw. Folie)	ZEIT
I. HINFÜHRUNG: stummer Impuls Anknüpfung an die vorige Stunde Z i e l a n g a b e TA	L: zeigt Dia (HO TSCHI MINH) SS: Geschichte Indochinas Vietnam seit dem Jahr 1964	
II. ERARBEITUNG: AA: 1. Berichte über die Geschichte Vietnams nach 1964! 2. Welche Gründe veranlaßten die USA, in den Krieg einzu- greifen? 3. Was geschah nach der Machtergreifung durch die Kommunisten im Jahr 1975?	SS: 1. 1964: Amerika greift in den Krieg ein, Vernichtungskrieg, Zivilbevölkerung leidet schwer 1969: Friedensverhandlungen 1973: Waffenstillstand 1975: kommunistische Machtübernahme 2. a) Unabhängigkeit Südvietnams er- halten b) Position der Verbündeten stärken c) kommunistischen Einfluß ein- dämmen d) Schiffahrtsrouten sichern 3. Fluchtbewegung, Boat-people ...	
III. VERTIEFUNG: Ges.Wdhlg. "Bilder vom Krieg"		
IV. SICHERUNG: AB		
V. AUSWEITUNG: Impuls aktuelles Material	L: Auch wir sind unmittelbar vom poli- tischen Schicksal Vietnams betroffen. SS: Ein Schiff nimmt Menschen auf, die geflüchtet sind ...	

GESCHICHTE	Name	Klasse	Datum	Nr.

Die Geschichte Vietnams seit dem Jahr 1964

Im Jahr 1964 griffen die Amerikaner offen in den Krieg zwischen

_____ und _____ ein.

Ihre Gründe waren:

a) _____

_____

b) _____

_____

c) _____

_____

d) _____

_____

Hinter den Vietcong und Nordvietnam standen _____

_____ .

Der Krieg wurde auf beiden Seiten erbarmungslos geführt. Die Vietcong wandten die sogenannte

„ _____ " an. Sie ermordeten politische Gegner, überfielen Städte mit Granatwerfern und zogen sich rasch in den Dschungel zurück. Die Amerikaner versuchten hingegen mit modernen Vernichtungswaffen und allen Mitteln chemischer Kampfführung den Gegner zu vernichten. Vor

allem die _____ hatte unter diesem Vernichtungskrieg furchtbar zu leiden.

Der Krieg war trotz der Stärke der USA nicht zu gewinnen. Im Jahr _____ begannen dann in Paris

Friedensverhandlungen. Bis zum Abschluß des Waffenstillstandes im Jahr _____ vergingen jedoch

noch 4 Jahre. Die Amerikaner zogen ab, die Kriegsgefangenen wurden entlassen, Südvietnam sollte freie

Wahlen vorbereiten. Aber 150 000 Mann nordvietnamesischer Truppen blieben in Südvietnam. Im Jahr

_____ wurde die Hauptstadt Südvietnams, _____ , erobert. Nord- und Südvietnam

wurden miteinander vereinigt und von der Hauptstadt_____ regiert. Ganz Vietnam kam

unter _____ Herrschaft.

Nach der Machtübernahme durch die Kommunisten flüchteten Hunderttausende aus Vietnam. Eine zweite

große Fluchtbewegung setzte 1978 ein, als Tausende auf überfüllten Booten auf das Meer hinaus flohen,

in der Hoffnung, daß sie von einem Schiff aufgenommen würden. Auch in die _____

_____ wurden Vietnam-Flüchtlinge gebracht.

GESCHICHTE	Name		Klasse	Datum		Nr.

Die Geschichte Vietnams seit dem Jahr 1964

Im Jahr 1964 griffen die Amerikaner offen in den Krieg zwischen _Nordvietnam_ und _Südvietnam_ ein.

Ihre Gründe waren:

a) _Sie wollten die Unabhängigkeit Südvietnams erhalten._

b) _Eindämmung des kommunistischen Einflusses in Südostasien._

c) _Positionsstärkung ihrer Verbündeten (Taiwan, Philippinen, Thailand)_

d) _Kontrolle strategisch wichtiger Schiffahrtsrouten (Südchinesisches Meer)_

Hinter den Vietcong und Nordvietnam standen _China, Sowjetunion, Ostblock (DDR, Rumä-nien, Bulgarien, Polen ..._ .

Der Krieg wurde auf beiden Seiten erbarmungslos geführt. Die Vietcong wandten die sogenannte „ _Guerilla-Taktik_ " an. Sie ermordeten politische Gegner, überfielen Städte mit Granatwerfern und zogen sich rasch in den Dschungel zurück. Die Amerikaner versuchten hingegen mit modernen Vernichtungswaffen und allen Mitteln chemischer Kampfführung den Gegner zu vernichten. Vor allem die _Zivilbevölkerung_ hatte unter diesem Vernichtungskrieg furchtbar zu leiden.

Der Krieg war trotz der Stärke der USA nicht zu gewinnen. Im Jahr _1969_ begannen dann in Paris Friedensverhandlungen. Bis zum Abschluß des Waffenstillstandes im Jahr _1973_ vergingen jedoch noch 4 Jahre. Die Amerikaner zogen ab, die Kriegsgefangenen wurden entlassen, Südvietnam sollte freie Wahlen vorbereiten. Aber 150 000 Mann nordvietnamesischer Truppen blieben in Südvietnam. Im Jahr _____ wurde die Hauptstadt Südvietnams, _Saigon_ , erobert. Nord- und Südvietnam wurden miteinander vereinigt und von der Hauptstadt _Hanoi_ regiert. Ganz Vietnam kam unter _kommunistische_ Herrschaft.

Nach der Machtübernahme durch die Kommunisten flüchteten Hunderttausende aus Vietnam. Eine zweite große Fluchtbewegung setzte 1978 ein, als Tausende auf überfüllten Booten auf das Meer hinaus flohen, in der Hoffnung, daß sie von einem Schiff aufgenommen würden. Auch in die _Bundesrepublik Deutschland_ wurden Vietnam-Flüchtlinge gebracht.

Q 1 Rede des US-Präsidenten Johnson 1965 in Baltimore:

„Warum sind wir in Vietnam? Wir sind dort, weil wir ein Versprechen zu halten haben. Seit 1954 hat jeder amerikanische Präsident dem südvietnamesischen Volk Unterstützung angeboten. Wir haben aufbauen und verteidigen geholfen. So haben wir über viele Jahre hinweg als Nation uns verpflichtet, Südvietnam bei der Verteidigung seiner Unabhängigkeit zu helfen ... Wir sind ferner in Vietnam, um die Ordnung der Welt zu stärken. Auf der ganzen Erde – von Berlin bis Thailand – sind Menschen, deren Wohlergehen zum Teil auf dem Vertrauen beruht, daß sie auf uns zählen können, wenn sie angegriffen werden. Vietnam seinem Schicksal zu überlassen, würde das Vertrauen in den Wert amerikanischer Versprechen erschüttern. Die Folge davon würde vermehrte Unruhe und Unsicherheit oder gar Krieg sein."

H. Beilner u.a.: Geschichte für die Hauptschule 9
© by Verlag Ludwig Auer. Donauwörth 1982

Q 2 Brief des nordvietnamesischen Staatschefs Ho Chi Minh an Präsident Johnson vom 15. Februar 1967:

„Vietnam liegt Tausende von Meilen von den USA entfernt. Das vietnamesische Volk hat den USA niemals irgendwelches Leid zugefügt. Im Gegensatz zu den von Ihren Vertretern ... 1954 gegebenen Versicherungen hat die US-Regierung jedoch unaufhörlich in Vietnam eingegriffen. Sie hat den Aggressionskrieg in Südvietnam vom Zaun gebrochen und verstärkt mit der Absicht, die Teilung Vietnams zu verlängern und Südvietnam zu einer Neo-Kolonie und einem militärischen Stützpunkt der USA zu machen. Über 2 Jahre hat die US-Regierung nunmehr mit ihren Luft- und Seestreitkräften den Krieg in die Volksrepublik Vietnam, ein unabhängiges und souveränes Land, hineingetragen. Die US-Regierung hat Kriegsverbrechen, Verbrechen gegen den Frieden und die Menschheit begangen. In Südvietnam haben eine halbe Million amerikanischer Soldaten und Satellitentruppen zu den unmenschlichsten Waffen und den barbarischsten Methoden der Kriegführung gegriffen, um unsere Landsleute abzuschlachten, Ernten zu vernichten und Dörfer dem Erdboden gleichzumachen. Über Nordvietnam ha-

ben Tausende von US-Flugzeugen Hunderttausende Tonnen Bomben abgeworfen ... Die US-Regierung ist für die äußerst ernste Situation in Vietnam voll verantwortlich ... Das vietnamesische Volk ist ohne Furcht vor Opfern und Leiden zur Fortsetzung seines Widerstandes entschlossen, bis es wahre Unabhängigkeit und Freiheit und einen wirklichen Frieden erreicht hat."

Q 3 Über die Folgen des Vietnam-Krieges für die Vereinigten Staaten sagte Arthur Schlesinger, Berater des Präsidenten Johnson 1968:

„Unsere Konzentration auf Vietnam fordert einen schrecklichen Preis. In der Innenpolitik kommt alles zum Stillstand, weil Vietnam über anderthalb Milliarden Dollar monatlich verschlingt. Das Ringen um gleiche Chancen für den Neger, der Krieg gegen die Armut, der Kampf für die Rettung der Städte, die Verbesserung unserer Schulen, das alles muß um Vietnams willen darniederliegen. Außerdem bringt der Krieg häßliche Nebenerscheinungen mit sich: Inflation, Frustration (= Enttäuschung), Empörung, Protest, Panik, erbitterte Gegensätze in der Nation."

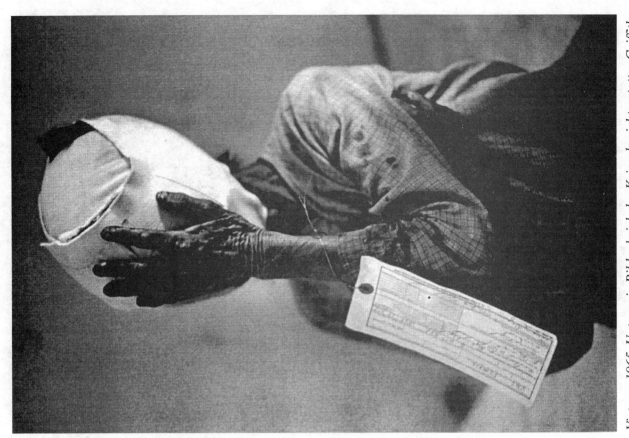

Vietnam 1965. Unter sein Bild schrieb der Kriegsberichterstatter Griffiths nur ein Wort: „Napalmopfer". Foto: Philip Jones Griffiths

Vietnam 1966. Amerikanische Soldaten schleppen einen toten Vietkong aus der Kampfzone. Foto: Kyoichi Sawada

STERN-Bilder

THEMA
Israel und der Nahe Osten

LERNZIELE

- Kennenlernen der Entstehung des Staates Israel
- Kennenlernen der Gründe, die den Nahen Osten zu einem Krisengebiet machen
- Wissen, daß der Nahe Osten schon mehrmals Schauplatz kriegerischer Auseinandersetzungen zwischen Israelis und Arabern war

ARBEITSMITTEL/MEDIEN/LITERATURHINWEISE

Arbeitsblätter (3) mit Lösungen
Folien (Karten, Informationstexte)
Bilder
Atlas bzw. Landkarte

TAFELBILD/FOLIEN

Israel und der Nahe Osten

Erobertes Jerusalem, Nov. 1967

Arbeitsaufträge:

1) **Der Staat Israel 1947:**
   Zeichne die Grenzen des Staates Israel und die des arabischen Staates ein! Verwende zwei Farben!
2) **Der Staat Israel 1949:**
   Zeichne die festgesetzten Grenzen von 1949 ein!
3) **Der Staat Israel 1967:**
   Zeichne die im 6-Tage-Krieg von Israel besetzten Gebiete farbig ein!
4) **Der Staat Israel 1973:**
   Zeichne die Rückzugsgebiete nach dem Yom-Kippur-Krieg farbig ein!

So hatten sich Israels Gegner den Ausgang des Krieges vorgestellt: Der Israeli rennt vor dem arabischen Panzer davon

Ein historischer Augenblick: Der ägyptische Staatspräsident Sadat und Begin, der Ministerpräsident Israels, sprechen vor der Knesseth, dem israelischen Parlament. Beide erhielten für ihre Friedensbemühungen den Nobelpreis. Im Oktober 1981 wurde Präsident Sadat das Opfer eines Attentats fanatischer Landsleute.

METHODE	LERNINHALTE (STOFF)	ZEIT
Unterrichtsstufe (Teil) Zielangabe und (Teil) Zusammenfassung Lehr / Lernakte Medieneinsatz	Tafelanschrift (bzw. Folie)	

I. HINFÜHRUNG:		
stummer Impuls Erfahrungswissen der Schüler	L: zeigt Folie (Karte Naher Osten) SS: Hier liegen Syrien, Libanon, Israel ...	
Impuls	L: Ein Land spielt in diesem Bereich eine ganz besondere Rolle. SS: Israel	
Z i e l a n g a b e TA	Israel und der Nahe Osten	
II. ERARBEITUNG:		
Begriffserklärung Naher Osten AA Folie	SS: bearbeiten die AA	
Auswertung TA	Nach dem Ersten Weltkrieg Großbritannien Schutzmacht über Palästina	
III. VERTIEFUNG		
(Ges.wdhlg.)	1933 wachsende Zahl von jüdischen Einwanderern	
IV. SICHERUNG: AB	UN übernehmen das Problem	
V. AUSWEITUNG:		
Besprechung Begriff Zionismus Kibbuzim Anschlag 1972 München Aktuelles	1947 Teilung des Landes 1948 Staat Israel Angriff der Araber 1949 Waffenstillstand 1956: Israel greift Ägypten an 1967: 6-Tage-Krieg 1973: Yom-Kippur-Krieg	

GESCHICHTE	Name	Klasse	Datum	Nr.

Israel und der Nahe Osten

Nach dem Ersten Weltkrieg (_____) wurde _____ Schutzmacht

über Palästina. Jüdische Einwanderer hatten dort Land gekauft und kultiviert, zunächst auch mit Zustim-

mung der Araber. Die wachsende Zahl jüdischer Einwanderer führte bald jedoch zu auseinandersetzungen

zwischen _____ und _____ . England überließ nun den _____

_____ die Lösung des Palästina-Problems. Diese beschlossen im Jahr _____ die Teilung

des Landes zwischen Juden und Arabern. Die Araber widersetzten sich. Als die Briten im Jahr _____

das Land verließen, riefen die Juden den Staat _____ aus. Sofort griffen die Araber den neu-

en Staat an. Im Waffenstillstand im Jahr _____ konnten die Israelis ihr Gebiet behaupten. Rund

_____ arabische Palästinenser flüchteten. In den arabischen Staaten wurden sie jedoch

_____ . Auf diese Weise blieben sie _____

und der Haß gegen Israel hielt sich über Generationen.

Hilfe erhielt Israel vor allem aus den _____ und der _____ .

Die Araber suchten Unterstützung bei der _____ . Damit wuchs der

Nahost-Konflikt zu einem internationalen Krisenherd im Gefolge der Ost-West-Spannungen.

Weitere Kriege im Nahen Osten:

- - - - - *Demarkationslinie 1974*
· · · · · · · *Demarkationslinie 1975*
||||||||||||| *weiteres Vordringen von Israel 1973*

GESCHICHTE	Name	Klasse	Datum	Nr.

Israel und der Nahe Osten

Nach dem Ersten Weltkrieg (_1914 – 1918_) wurde _Großbritannien_ Schutzmacht über Palästina. Jüdische Einwanderer hatten dort Land gekauft und kultiviert, zunächst auch mit Zustimmung der Araber. Die wachsende Zahl jüdischer Einwanderer führte bald jedoch zu auseinandersetzungen zwischen _Juden_ und _Arabern_. England überließ nun den _Vereinten Nationen (UNO)_ die Lösung des Palästina-Problems. Diese beschlossen im Jahr _1947_ die Teilung des Landes zwischen Juden und Arabern. Die Araber widersetzten sich. Als die Briten im Jahr _1948_ das Land verließen, riefen die Juden den Staat _Israel_ aus. Sofort griffen die Araber den neuen Staat an. Im Waffenstillstand im Jahr _1949_ konnten die Israelis ihr Gebiet behaupten. Rund _800.000_ arabische Palästinenser flüchteten. In den arabischen Staaten wurden sie jedoch _nicht eingegliedert_. Auf diese Weise blieben sie _Flüchtlinge_ und der Haß gegen Israel hielt sich über Generationen.

Hilfe erhielt Israel vor allem aus den _USA_ und der _Bundesrepublik Deutschland_. Die Araber suchten Unterstützung bei der _Sowjetunion_. Damit wuchs der Nahost-Konflikt zu einem internationalen Krisenherd im Gefolge der Ost-West-Spannungen.

Weitere Kriege im Nahen Osten:

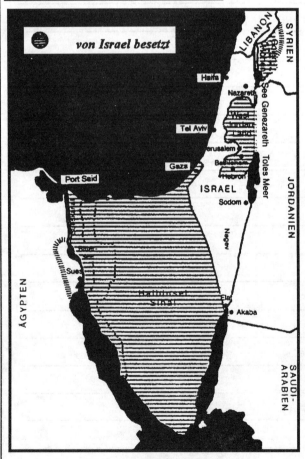

von Israel besetzt

- - - - - _Demarkationslinie 1974_
.... _Demarkationslinie 1975_
|||||||||||| _weiteres Vordringen von Israel 1973_

Als 1956 Engländer und Franzosen militärisch gegen die Verstaatlichung des Suez-Kanals durch Ägypten einschritten, griff Israel Ägypten an. England und Frankreich zwangen Israel aber zum Rückzug.

Nach eindeutigen Drohungen der Araber kam es 1967 zum sogenannten "6-Tage-Krieg" gegen Ägypten, Syrien und Jordanien. Israel konnte diesen Krieg gewinnen und besetzte größere Gebiete u.a. auch die Sinai-Halbinsel.

1973 wurde Israel von Syrien und Ägypten angegriffen, vermochte aber auch diesen Krieg nach anfänglichen Schwierigkeiten zu gewinnen (Yom-Kippur-Krieg).

GESCHICHTE	Name		Klasse	Datum	Nr.

Wie entwickelte sich der Staat Israel? (1)

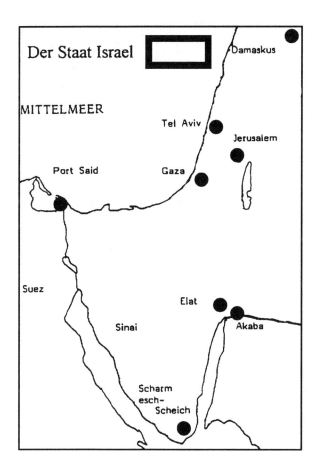

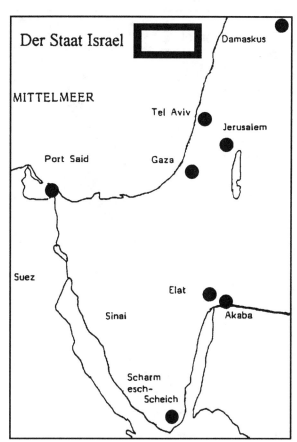

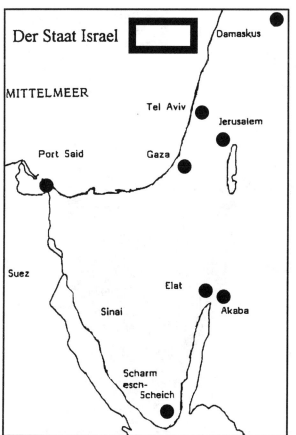

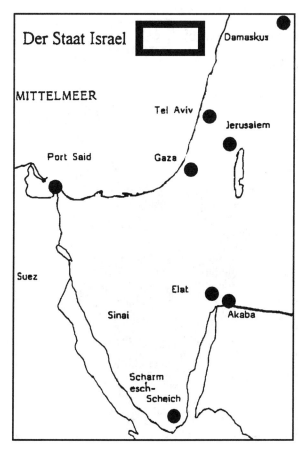

GESCHICHTE	Name	Klasse	Datum	Nr.

Wie entwickelte sich der Staat Israel? (1)

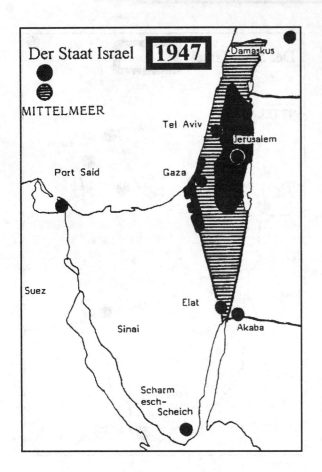

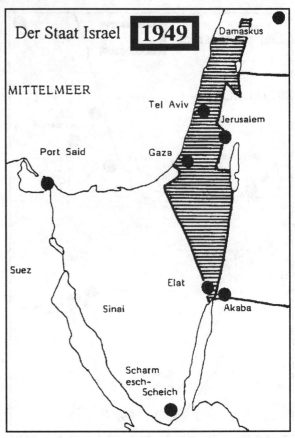

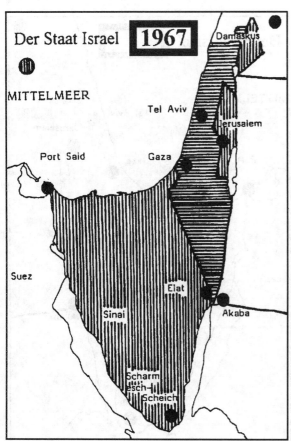

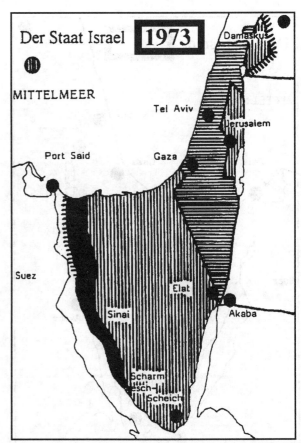

GESCHICHTE	Name	Klasse	Datum	Nr.

Wie entwickelte sich der Staat Israel? (2)

1979	
1973	
1967	
1956	

Israels Sechstagekrieg

Jeeps mit israelischen Soldaten dringen auf ägyptisches Territorium vor.

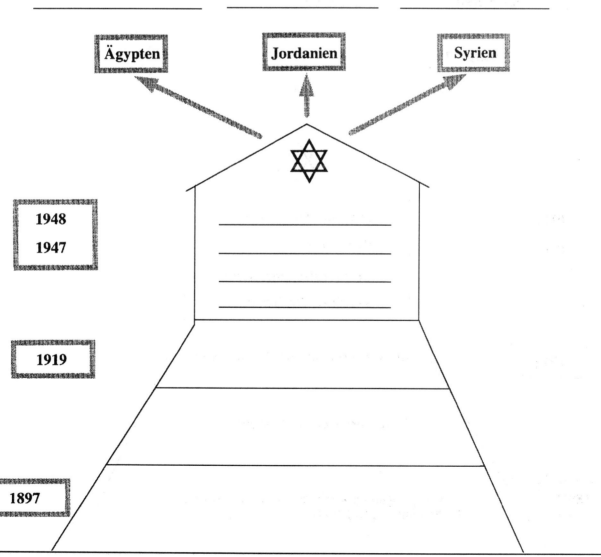

Ägypten   Jordanien   Syrien

1948
1947

1919

1897

GESCHICHTE	Name	Klasse	Datum	Nr.

<u>Wie entwickelte sich der Staat Israel? (2)</u>

1979	Frieden mit Ägypten
1973	Yom-Kippur-Krieg
1967	Sechstagekrieg
1956	Suezkrise

Jeeps mit israelischen Soldaten dringen auf ägyptisches Territorium vor.

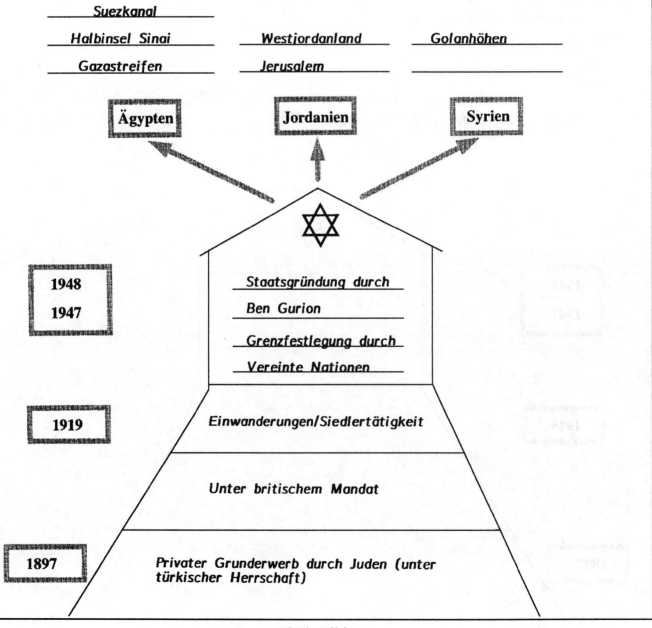

Suezkanal

Halbinsel Sinai   Westjordanland   Golanhöhen

Gazastreifen   Jerusalem   _____

Ägypten   **Jordanien**   **Syrien**

1948
1947

Staatsgründung durch
Ben Gurion
Grenzfestlegung durch
Vereinte Nationen

1919

Einwanderungen/Siedlertätigkeit

Unter britischem Mandat

1897

Privater Grunderwerb durch Juden (unter türkischer Herrschaft)

THEMA

China in der Zeit von 1838 bis 1912

LERNZIELE

- Wissen, daß China ab der Mitte des 19. Jahrhunderts zunehmend den Interessen der europäischen Kolonialmächte und Japans ausgesetzt war
- Kenntnis, daß China sich durch verschiedene Kriege dieser Ansprüche erwehren wollte
- Wissen, daß unter Sun Yat-sen die politische Einheit des Landes hergestellt wurde

ARBEITSMITTEL/MEDIEN/LITERATURHINWEISE

Arbeitsblatt mit Lösung
Folien (Karte, Informationstexte)
Bilder
Atlas bzw. Landkarte

TAFELBILD/FOLIEN

China in der Zeit von 1838 bis 1912

Das chinesische Revolutionskomitee des Jahres 1912. An der Spitze der Bewegung stand Sun Yat-sen (vordere Reihe Mitte). Seine Schriften »Drei Grundlehren vom Volke« und »Fünf-Gewalten-Verfassung« wurden Grundlagen der Erneuerungsbestrebungen.

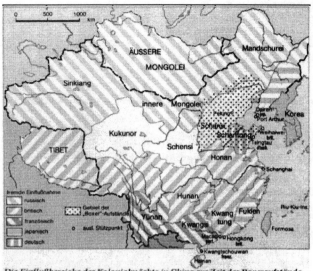

Die Einflußbereiche der Kolonialmächte in China zur Zeit der Boxeraufstände und das Vordringen imperialistischer Mächte von 1900 bis 1912.

Die »Hunnenrede«

27. Juli. In Absprache mit den USA, Japan und den anderen europäischen Großmächten wird ein internationales Hilfskorps unter dem Kommando von Alfred Graf Waldersee (»Weltmarschall«) aufgestellt, um den Boxeraufstand niederzuwerfen. Bei der Verabschiedung der deutschen Truppen – man sieht Schilder mit Aufschriften wie: »Auf nach China«, »Eilgut nach China, Peking, Taku«, »Billige Chinesenzöpfe hier zu haben« – hält Wilhelm II. am 27. Juli eine unbesonnene Rede, in der er die Solda-

ten aufgefordert, keine Gefangenen zu machen und rücksichtslos vorzugehen: »Wie vor tausend Jahren die Hunnen unter ihrem König Etzel sich einen Namen gemacht haben, der sie noch jetzt in Überlieferung und Märchen gewaltig erscheinen läßt, so möge der Name Deutscher in China auf tausend Jahre durch Euch in einer Weise bestätigt werden, daß niemals wieder ein Chinese es wagt, einen Deutschen auch nur scheel anzusehen.« Diese »Hunnen-Rede« erregt in der Weltöffentlichkeit größtes Aufsehen.

Chronik des 20. Jahrhunderts, S. 16
© Harenberg Verlag, Dortmund 1983

Dr. Sun Yat-sen, der im Westen studiert hatte, lieferte die geistigen Grundlagen für die chinesische Republik.

Sun Yat-sen (1866–1925)

Sun Yat-sen schrieb dazu: „China verfügt über ein riesiges Landgebiet, über ungezählte Reichtümer und überaus viele Menschen. Aber es ist mit jenem reichen alten Manne zu vergleichen, der im Besitz von großen Gärten, Ländereien, Schätzen und einer zahlreichen Familie ist, jedoch sein Haus nicht zu bestellen weiß. Das Land liegt verödet und von Unkraut überwuchert da. Die Schätze sind eingeschlossen und werden nicht benutzt. Die Nachbarn bereichern sich. Kinder und Enkel lungern müßig herum. Im ganzen Haus herrscht Hunger und Not. Das Haus dieses alten Mannes gibt eine Vorstellung vom heutigen China.“

„Über die Ebene zog sich wie eine Perlenschnur eine Reihe gebeugter Gestalten. Diese Menschen hatte der Kummer und die Kälte zu lautloser Stille erstarren lassen. Mechanisch setzten sie einen Fuß vor den anderen und trotteten wie Tiere dahin in die Ferne ...

Kleine Lumpenbündel am Straßenrand bezeichneten die Stellen, wo die Schwachen zusammengebrochen waren. Zuweilen standen einige Mitglieder einer Familie in schweigender Ratlosigkeit da und starrten auf einen Leichnam. Kinder stützten sich auf Stöcke wie alte Männer. Manche schleppten Bündel, die ebenso groß waren wie sie selbst. Andere waren wie Schlafwandler, deren blicklose Augen vor Leid tausend Jahre alt zu sein schienen. In ihrem Rücken blies aus dem Land der Hungersnot ein kalter Wind und wirbelte den Staub hinter ihnen her, der sie über die gelbe Ebene jagte ...

Auf der Straße lagen Tote. Ein schlankes, hübsches Mädchen, das nicht älter sein konnte als siebzehn, lag auf der feuchten Erde. Ihre toten Lippen waren blau, ihre Augen offen, und der Regen fiel darauf. Die Leute schälten die Rinde von den Bäumen und zerstampften sie am Straßenrand, um sie zu

Ein Chinese nagt vor Hunger die Rinde eines Baumes ab

H. Ebeling: Die Reise in die Vergangenheit IV
© G. Westermann Verlag, Braunschweig 1969

GESCHICHTE	Name	Klasse	Datum	Nr.

China in der Zeit von 1838 bis 1912

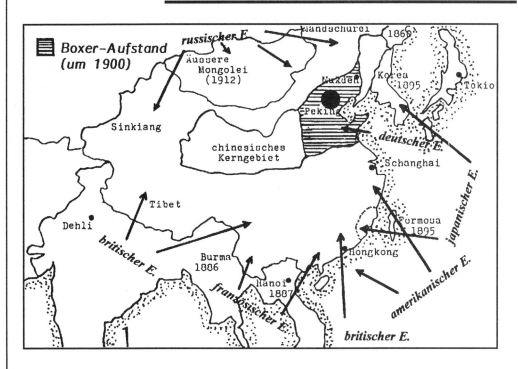

Mitte des 19. Jahrhunderts rückte China in den Interessenbereich von Japan und einigen europäischen Kolonialländern. Sie konnten in China leicht Fuß fassen, weil zahllose Volksaufstände und eine korrupte Verwaltung das Riesenreich erschütterten.

Im sogenannten „ _____ " (1840 - 1842) muß China die Überlegenheit _____ anerkennen. Damit beginnt die Zeit der _____ , in denen China ausländischen Staaten Vorrechte einräumen muß.

Gegen den wirtschaftlichen Einfluß der Ausländer, gegen die Mandschu-Dynastie und gegen den Privatbesitz richtet sich der _____ (1850 - 1866), der schließlich niedergeschlagen wird. Doch der Haß auf die „fremden Teufel" entlädt sich aufs neue im _____ (1900). Er richtet sich vor allem gegen Missionare und ausländische Gesandtschaften. Unter deutschem Kommando wird auch dieser Aufstand niedergeschlagen.

Im Jahr 1911 kam es zu einer Revolution unter dem Führer _____. Er strebte eine sozialistische Landreform und eine republikanische Verfassung an. Es kam zu einem Bürgerkrieg.

Nach seinem Tod im Jahr 1925 gewann General _____ an politischer Bedeutung. Es gelang ihm, die politische Einheit des Landes herzustellen und den Bürgerkrieg zu beenden. Daraufhin kündigte er das Bündnis mit der _____ _____,
erklärte die Nationale Volkspartei zur Staatspartei und verfolgte die Kommunisten.

GESCHICHTE	Name	Klasse	Datum	Nr.

China in der Zeit von 1838 bis 1912

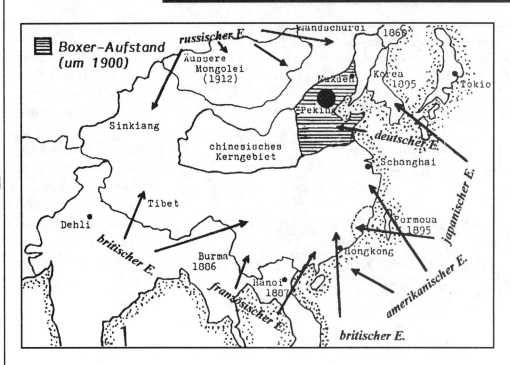

Mitte des 19. Jahrhunderts rückte China in den Interessenbereich von Japan und einigen europäischen Kolonialländern. Sie konnten in China leicht Fuß fassen, weil zahllose Volksaufstände und eine korrupte Verwaltung das Riesenreich erschütterten.

Im sogenannten „ __Opiumkrieg__ " (1840 - 1842) muß China die Überlegenheit __Englands__ anerkennen. Damit beginnt die Zeit der __ungleichen Verträge__ , in denen China ausländischen Staaten Vorrechte einräumen muß.

Gegen den wirtschaftlichen Einfluß der Ausländer, gegen die Mandschu-Dynastie und gegen den Privatbesitz richtet sich der __Taiping-Aufstand__ (1850 - 1866), der schließlich niedergeschlagen wird. Doch der Haß auf die „fremden Teufel" entlädt sich aufs neue im __Boxer-Aufstand__ (1900). Er richtet sich vor allem gegen Missionare und ausländische Gesandtschäften. Unter deutschem Kommando wird auch dieser Aufstand niedergeschlagen.

Im Jahr 1911 kam es zu einer Revolution unter dem Führer __Sun Yat-sen__. Er strebte eine sozialistische Landreform und eine republikanische Verfassung an. Es kam zu einem Bürgerkrieg.

Nach seinem Tod im Jahr 1925 gewann General __Tschiang Kai-schek__ an politischer Bedeutung. Es gelang ihm, die politische Einheit des Landes herzustellen und den Bürgerkrieg zu beenden. Daraufhin kündigte er das Bündnis mit der __kommunistischen Partei Chinas (KPC)__, erklärte die Nationale Volkspartei zur Staatspartei und verfolgte die Kommunisten.

THEMA
Mao Tse-tung und seine Politik (1)

LERNZIELE

- Wissen, daß Mao unter den Bauern eine große Anhängerschaft fand
- Kenntnis, daß Mao innerhalb Chinas einen kommunistischen Staat errichtete
- Wissen, daß im Krieg gegen Japan 1937 Tschiang Kai-schek und Mao Tse-tung miteinander kämpften

ARBEITSMITTEL/MEDIEN/LITERATURHINWEISE

Arbeitsblatt mit Lösung
Folien (Karte, Informationstexte)
Bilder
Atlas bzw. Landkarte

TAFELBILD/FOLIEN

Mao Tse-tung und seine Politik (1)

Riedmiller: Geschichte. Neueste Zeit, Bd. 4
© by F. Schöningh, Paderborn 1970

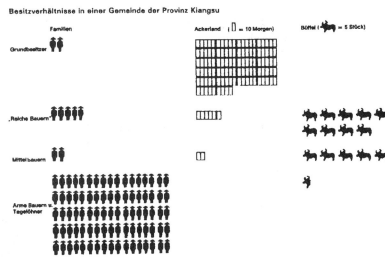

Besitzverhältnisse in einer Gemeinde der Provinz Kiangsu

Die Bilder der frühen dreißiger Jahre weisen auf die notleidenden Lebensverhältnisse der Bauern hin. MAO TSE-TUNG war der Meinung, daß nur die Bauern in der Lage waren, eine Revolution durchzuführen.

Mao Tse-tungs Langer Marsch

Nach einjährigem Marsch durch China, wobei sie zwischendurch immer wieder in Kämpfe mit den Nanking-Truppen verwickelt werden, erreichen die aufständischen Kommunisten unter Führung Mao Tse-tungs die Provinz Schensi im nordwestlichen Grenzgebiet Chinas. Das Gebiet kommt schnell unter Kontrolle der Kommunisten, die in der Stadt Yenan eine eigene Verwaltung einrichten. In Verhandlungen mit anderen Parteileitern festigt Mao Tse-tung seine Führungsrolle und gewinnt Zustimmung zu den Plänen eines kommunistischen Großreichs in China.

Der »Lange Marsch« ist Legende geworden. Der Rückzug vor den nationalchinesischen Truppen geht über 12 000 Kilometer, eine Strecke, die länger ist als die Entfernung zwischen Peking und Paris. Zu der Armee gehören 80 000 Soldaten. Ihnen schließen sich 20 000 Zivilisten mit ihren Familien an. Der Troß war sechsmal so groß wie die kämpfende Truppe.

METHODE Unterrichtsstufe (Teil) Zielangabe und (Teil) Zusammenfassung Lehr / Lernakte Medieneinsatz	LERNINHALTE (STOFF) Tafelanschrift (bzw. Folie)	ZEIT
I. HINFÜHRUNG: Anknüpfung an die vorige Stunde Impuls	L: Wir haben in der letzten Stunde einige wichtige Dinge aus der chinesischen Geschichte erfahren. SS: Ab Mitte des 19. JH wird China als Kolonie interessant. Opiumkrieg 1840-1942 - England gewinnt gg. China - Zeit der ungleichen Verträge Taiping-Aufstand gg. den Einfluß der Ausländer (1850-66) Boxeraufstand (1900) scheitert an den Deutschen SUN YAT-SEN - TSCHIANG KAI-SCHEK	
stummer Impuls Zielangabe TA	L: zeigt Dia (MAO) SS: MAO-TSE-TUNG ... MAO TSE-TUNG und seine Politik	
II. ERARBEITUNG: AA: 1. Welche Bevölkerungsschicht gewann MAO als Anhänger seiner kommunistischen Partei und warum? 2. Berichte über Ursache, Verlauf und Ergebnis des sog. "Langen Marsches"! 3. Berichte über Chinas Krieg gegen Japan! Auswertung	SS: 1. Bauern, da die landreform nicht durchgeführt war und sich deren Lage verschlechtert 2. 1931: MAO gründet Chinesische Sowjetrepublik (kommunistisch) Druck TSCHIANG KAI-SCHEKS nimmt zu - Langer Marsch - KP geht gestärkt daraus hervor. 3. 1937: TSCHIANG u. MAO kämpfen gemeinsam - Partisanenkrieg - KPC von 40.000 auf 1.200.000 Mitglieder	
III. VERTIEFUNG: Ges.Wdhlg.		
IV. SICHERUNG: AB		
V. AUSWEITUNG: Schülerbuch Impuls	"Ein Dorf vor der Revolution" L: Unter diesen Voraussetzungen konnte MAO seine komm.Ideen durchsetzen. SS: Die Masse des Volkes war arm ...	

GESCHICHTE	Name		Klasse	Datum	Nr.

Mao Tse-tung und seine Politik (1)

Auch unter Tschiang Kai-schek wurde die dringend erforderliche Landreform nicht durchgeführt. Da aber 80 % der Bevölkerung Bauern waren und sich deren Lage immer verschlechterte, gewann _____ _____ unter den Bauern eine große Anhängerschaft. 1931 gründete Mao im Süden des Landes die _____ _____

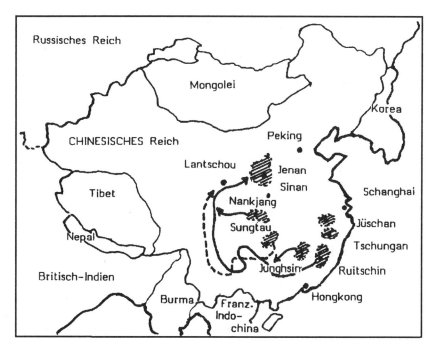

Damit war innerhalb des chinesischen Gesamtstaates ein _____ Staat entstanden.
Als der militärische Druck Tschang Kai-scheks auf die Rote Armee immer mehr zunahm, begaben sich die Reste der kommunistischen Verbände auf ihren berühmten „_____ ". Unter schwersten Strapazen und ständigen Abwehrkämpfen gegen die Regierungstruppen zogen die Kommunisten in den dünn besiedelten Nordteil der Provinz Shensi zurück. Genau ein Jahr waren sie unterwegs, nur knapp ein Zehntel erreichte das Ziel nach _____ , doch die Kommunistische Partei und die _____ gingen politisch gestärkt aus diesem Unternehmen hervor.
Trotz aller Gegenerschaft zwischen beiden führenden Männern Chinas fanden beide Armeen noch einmal zusammen - im Krieg gegen _____ (_____).

Maos Soldaten verwirklichten in diesem Krieg zum ersten Mal Maos Vorstellungen über eine revolutionäre Kriegsführung. In ständigen kleinen Partisanenkämpfen griffen sie blitzartig an und waren plötzlich wieder verschwunden. Jeder Bauer war gleichzeitig auch Soldat.

GESCHICHTE	Name		Klasse	Datum	Nr.

Mao Tse-tung und seine Politik (1)

Auch unter Tschiang Kai-schek wurde die dringend erforderliche Landreform nicht durchgeführt. Da aber 80 % der Bevölkerung Bauern waren und sich deren Lage immer verschlechterte, gewann _Mao Tse-tung_ unter den Bauern eine große Anhängerschaft. 1931 gründete Mao im Süden des Landes die _Chinesische Sowjet-republik_

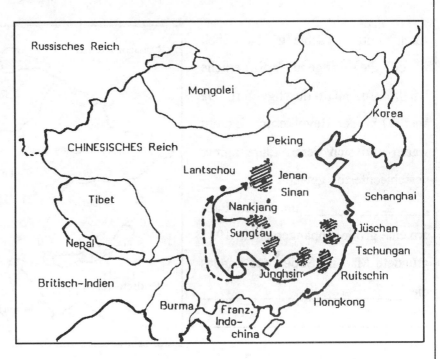

Damit war innerhalb des chinesischen Gesamtstaates ein _eigener_ Staat entstanden.
Als der militärische Druck Tschang Kai-scheks auf die Rote Armee immer mehr zunahm, begaben sich die Reste der kommunistischen Verbände auf ihren berühmten „ _Langen Marsch_ “. Unter schwersten Strapazen und ständigen Abwehrkämpfen gegen die Regierungstruppen zogen die Kommunisten in den dünn besiedelten Nordteil der Provinz Shensi zurück. Genau ein Jahr waren sie unterwegs, nur knapp ein Zehntel erreichte das Ziel nach _12.500 Kilometern_ , doch die Kommunistische Partei und die _Rote Armee_ gingen politisch gestärkt aus diesem Unternehmen hervor.
Trotz aller Gegenerschaft zwischen beiden führenden Männern Chinas fanden beide Armeen noch einmal zusammen - im Krieg gegen _Japan_ (_1937_).

Maos Soldaten verwirklichten in diesem Krieg zum ersten Mal Maos Vorstellungen über eine revolutionäre Kriegsführung. In ständigen kleinen Partisanenkämpfen griffen sie blitzartig an und waren plötzlich wieder verschwunden. Jeder Bauer war gleichzeitig auch Soldat.

THEMA
Mao Tse-tung und seine Politik (2)

LERNZIELE

- Wissen, daß Mao nach dem Ende des 2. Weltkrieges die politische Führung in China übernimmt (1949: VR China)
- Erkenntnis, daß Mao mit immer neuen Massenbewegungen den Weg in den Kommunismus beschleunigen will (Landreform, Großer Sprung, Kulturrevolution)

ARBEITSMITTEL/MEDIEN/LITERATURHINWEISE

Arbeitsblatt mit Lösung
Folien (Karte, Informationstexte)
Bilder

Karte S. 144 aus:
H. Beilner u.a.: Geschichte für die Hauptschule 9
© by Verlag Ludwig Auer, Donauwörth 1982

TAFELBILD/FOLIEN

Mao Tse-tung und seine Politik (2)

Wie setzt Mao Tse-tung den chinesischen Kommunismus durch?

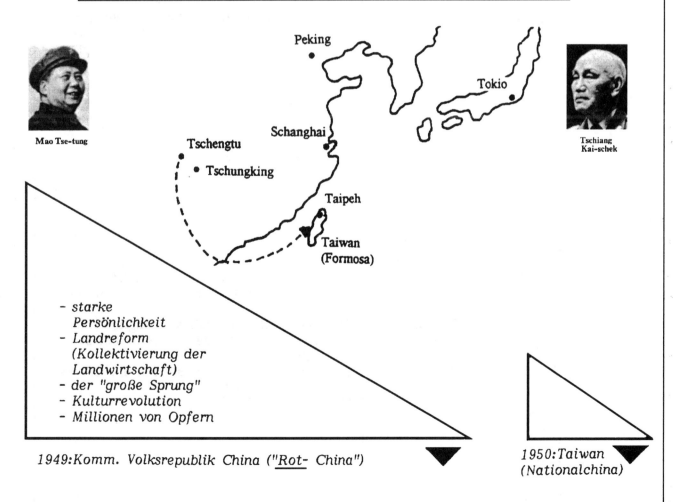

Mao Tse-tung

Tschiang
Kai-schek

Peking

Tokio

Schanghai

Tschengtu
Tschungking

Taipeh

Taiwan
(Formosa)

- *starke Persönlichkeit*
- *Landreform (Kollektivierung der Landwirtschaft)*
- *der "große Sprung"*
- *Kulturrevolution*
- *Millionen von Opfern*

1949: Komm. Volksrepublik China ("Rot- China")   ▼

1950: Taiwan (Nationalchina)   ▼

METHODE	LERNINHALTE (STOFF)	ZEIT
Unterrichtsstufe (Teil) Zielangabe und (Teil) Zusammenfassung Lehr / Lernakte ↓Medieneinsatz	Tafelanschrift (bzw. Folie)	

I. HINFÜHRUNG:		
Anknüpfung an die vorige Stunde		
stummer Impuls	L: zeigt Dia (MAO)	
	SS: 1931 gründet MAO die Chinesische Sowjetrepublik - Langer Marsch - KP gewinnt Anhänger 1937 Krieg gg. Japan TSCHIANG KAI-SCHEK und MAO kämpfen gemeinsam	
Zielangabe TA	┌─────────────────────────┐ │ MAO TSE-TUNG und seine Politik (2) │ └─────────────────────────┘	
II. ERARBEITUNG:		
AA: 1. Was pasiert in China nach dem Ende des II. Weltkrieges?		
2. Mit welchem Mittel versucht MAO, den Aufbau des Kommunismus zu beschleunigen?		
Auswertung	SS: 1. MAO übernimmt die pol. Vorherrschaft in China (VR China 1949)	
	2. Massenbewegungen: a) Landreform b) Großer Sprung c) Kulturrevolution	
	SS: belegen ihre Aussagen anhand von Quellen.	
III. VERTIEFUNG:		
Ges.Wdhlg.		
IV. SICHERUNG: AB		
V. AUSWEITUNG:		
Impuls	L: Die Persönlichkeit und die Lehren MAOS bestimmen Handeln und Denken der Massen	
Schülerbuch Quellentext	SS: Jeder Chinese soll sich täglich mindestens eine Stunde mit MAO beschäftigen ...	
Impuls	L: Nach diesem Buch sollten die Chinesen handeln und leben.	
	L: zeigt MAO-Bibel	
LSG		

GESCHICHTE	Name	Klasse	Datum	Nr.

Mao Tse-tung und seine Politik (2)

Mit dem Ende des 2. Weltkrieges 1945 wurde China frei von japanischer Besetzung. Aber nun brach in China wieder der Kampf und die innenpolitische Vorherrschaft aus: Maos KPC kämpfte um die Macht gegen Tschiang Kai-scheks Kuomintang. Nach mehrjährigem Bürgerkrieg eroberte die _____ _____ und die übrigen großen Städte. Als am 21.9.1949 die _____ _____ (VR China) ausgerufen wird, beherrschen die _____ den größten Teil des Landes. Tschiang Kai-schek muß sich auf die Insel _____ zurückziehen. Dort errichtet er unter dem Waffenschutz der USA eine nationalchinesische Regierung. Im sogenannten „_____" wird Tschou En-lai der erste Ministerpräsident, doch politischer Führer bleibt Mao Tse-tung.

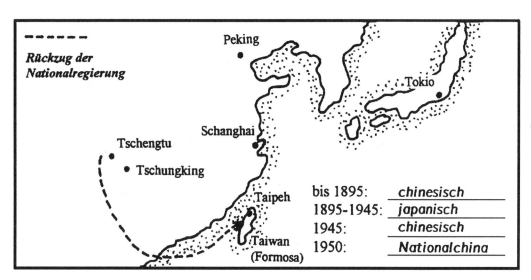

Map labels:
- - - - - Rückzug der Nationalregierung
Peking
Tokio
Schanghai
Tschengtu
Tschungking
Taipeh
Taiwan (Formosa)

bis 1895:	chinesisch
1895-1945:	japanisch
1945:	chinesisch
1950:	Nationalchina

Mao entwickelt die chinesische Form des Kommunismus. Um den Weg in den Kommunismus zu beschleunigen, startete Mao immer neue Massenbewegungen:

1. _____

In dieser Bewegung wurde 47.000.000 ha Landbesitz enteignet und an arme Bauern und Landarbeiter verteilt. Dabei wurden die ehemaligen Besitzer und auch sog. Feinde der sozialistischen Ordnung zu Opfern von Haß und Rache. Ca. 750.000 Menschen wurden dabei getötet.

2. _____

In sog. „Produktionsschlachten" sollte die industrielle Produktion auf Weltniveau gebracht werden.

3. _____

Zu Millionen verließen die jugendlichen Rotgardisten Schulen und Kasernen, überfluteten Straßen und Plätze der Großstädte, demütigten Maos Gegener, zerstörten Verwaltungszentralen und Bibliotheken. Allein im Herbst 1966 wurden über 400.000 Menschen „liquidiert".

GESCHICHTE	Name	Klasse	Datum	Nr.

Mao Tse-tung und seine Politik (2)

Mit dem Ende des 2. Weltkrieges 1945 wurde China frei von japanischer Besetzung. Aber nun brach in China wieder der Kampf und die innenpolitische Vorherrschaft aus: Maos KPC kämpfte um die Macht gegen Tschiang Kai-scheks Kuomintang. Nach mehrjährigem Bürgerkrieg eroberte die _Rote Armee_ _Peking_ und die übrigen großen Städte. Als am 21.9.1949 die _Volksrepublik China_ (VR China) ausgerufen wird, beherrschen die _Kommunisten_ den größten Teil des Landes. Tschiang Kai-schek muß sich auf die Insel _Taiwan (Formosa)_ zurückziehen. Dort errichtet er unter dem Waffenschutz der USA eine nationalchinesische Regierung. Im sogenannten „ _Rotchina_ " wird Tschou En-lai der erste Ministerpräident, doch politischer Führer bleibt Mao Tse-tung.

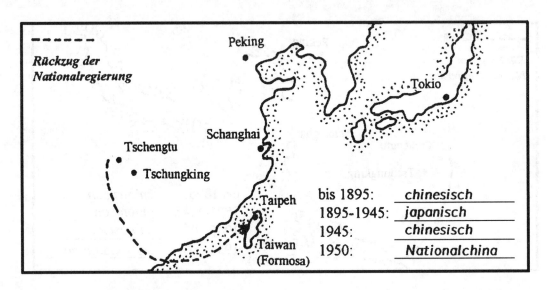

Rückzug der Nationalregierung

bis 1895: _chinesisch_
1895-1945: _japanisch_
1945: _chinesisch_
1950: _Nationalchina_

Mao entwickelt die chinesische Form des Kommunismus. Um den Weg in den Kommunismus zu beschleunigen, startete Mao immer neue Massenbewegungen:

1. _Landreform_

In dieser Bewegung wurde 47.000.000 ha Landbesitz enteignet und an arme Bauern und Landarbeiter verteilt. Dabei wurden die ehemaligen Besitzer und auch sog. Feinde der sozialistischen Ordnung zu Opfern von Haß und Rache. Ca. 750.000 Menschen wurden dabei getötet.

2. _Großer Sprung_

In sog. „Produktionsschlachten" sollte die industrielle Produktion auf Weltniveau gebracht werden.

3. _Kulturrevolution_

Zu Millionen verließen die jugendlichen Rotgardisten Schulen und Kasernen, überfluteten Straßen und Plätze der Großstädte, demütigten Maos Gegner, zerstörten Verwaltungszentralen und Bibliotheken. Allein im Herbst 1966 wurden über 400.000 Menschen „liquidiert".

Die Volksrepublik China 1949-1980

SOWJETUNION

Bruch mit der Sowjetunion 1960

Sachalin

Balkaschsee

Balkalsee

MONGOLISCHE VOLKSREPUBLIK

Mandschurei

Grenzstreitigkeiten mit der Sowjetunion 1969

Sinkiang
1928-1949 sowj. Einflußgebiet 1949 zur Volksrep. China

Innere Mongolei

Koreakrieg 1950 - 1953

NORD-KOREA SÜD

JAPAN

Grenzstreitigkeiten mit der Sowjetunion 1969

Khotan
Besetzung 1959, 1962

Atomwaffenversuche seit 1964

Peking

Annexion 1950

TIBET

CHINA
1949 Volksrepublik

Annäherung an Japan seit 1972

NEPAL

Brahmaputra

Grenzstreitigkeiten mit Indien 1962

Wuhan

Schanghai

Ganges

INDIEN

BANGLA-DESH

Hilfe für Nord-Vietnam im Vietnam-Krieg 1961-75

Kriegshandlungen gegen Taiwan 1950-54

Matsu

Annäherung an die USA seit 1972

Grenzkrieg mit Vietnam 1979

Kanton

Quemoy

TAIWAN

BURMA

Hongkong

Pratas-In.

LAOS

Paracel-In.

THAILAND

VIETNAM

PHILIPPINEN

KAMBODSCHA

Spratly-In.

Volksrepublik China 1980

Taiwan (Nationalchina)

von der Volksrepublik China beanspruchte Gebiete

Auseinandersetzungen

Hilfeleistungen

Gödeke, P.: Kriege im Frieden, S. 155
© Westermann Verlag, Braunschweig 1983

Die „Liquidierung" der Großbauern in Shanghai

Auf dem „Großen Sprung nach vorn"

Während der „Kulturrevolution" tauchte überall das „Rote Buch" auf. Die darin enthaltenen Sprüche aus Maos Schriften wurden wie bei Andachtsübungen von Einzelnen oder Sprechchören rezitiert.

1966: Rotgardisten treiben einen Funktionär mit Schandhut durch Pecking

1981: Maos Witwe wird zum Tod (mit 2jähriger Bewährung) verurteilt

THEMA
Die Politik Chinas seit 1960

LERNZIELE

- Wissen, daß China den Führungsanspruch der Sowjetunion nicht anerkennt
- Erkenntnis, daß China nach einer Führungsrolle in der Dritten Welt strebt
- Verstehen, weshalb China sich dem Westen zu öffnen versucht

ARBEITSMITTEL/MEDIEN/LITERATURHINWEISE

Arbeitsblatt (1) mit Lösung
Folien (Informationstexte)
Bilder

Text unten aus:
Chronik des 20. Jahrhunderts, S. 1044
© Harenberg Verlag, Dortmund 1983

TAFELBILD/FOLIEN

Die Politik Chinas seit 1960

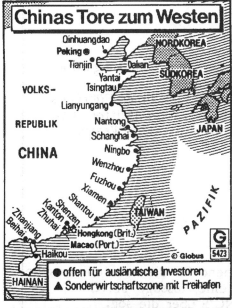

Teng Hsiao-ping

Zhao Ziyang

Deng Xiaoping

21. Februar. Richard Nixons Treffen mit Mao Tse-tung wird der »Gipfel des Jahrhunderts« genannt. Sofort nach seiner Ankunft wird der amerikanische Präsident vom Parteivorsitzenden Mao empfangen. Die China-Reise ist vom Sonderberater des Präsidenten, Henry Kissinger, sorgfältig vorbereitet worden und wird vom amerikanischen Fernsehen stundenlang übertragen. Auf chinesischer Seite gibt es jedoch Gegner dieser neuen Politik des Pragmatikers Tschou En-lai. Widerstand kommt vor allem aus der Armee, deren Verteidigungsminister Lin Piao seit Herbst 1971 verschollen ist.
Skepsis ruft die neue Freundschaft USA/China in vielen Ländern Asiens hervor, offene Gegnerschaft in der Sowjetunion. Ergebnisse der erstmals in der chinesischen Geschichte betriebenen offensiven, nach Westen gerichteten Außenpolitik zeigen sich schon während der Reise Nixons: Dem Angebot Tschou En-lais, normale Beziehungen aufzunehmen, antworten die USA mit der Bereitschaft, Truppen aus Taiwan abzuziehen. Die amerikanische Maxime »Es gibt nur ein China« bezieht sich nun auf die Volksrepublik. Vor der Nixon-Reise hatte China bereits eine innenpolitische Lockerung vorgenommen. Die von der Kulturrevolution verordnete literarische Zwangspause geht zu Ende, es dürfen wieder Romane erscheinen.

METHODE Unterrichtsstufe (Teil) Zielangabe und (Teil) Zusammenfassung Lehr / Lernakte Medieneinsatz	LERNINHALTE (STOFF) Tafelanschrift (bzw. Folie)	ZEIT
I. HINFÜHRUNG: Anknüpfung an die letzte Stunde Impuls		
	L: MAO TSE-TUNG bestimmt lange Jahre die Politik Chinas!	
	SS: MAO übernimmt 1949 die Vorherr- schaft in China Massenbewegungen sollen den Aufbau des Kommunismus beschleunigen (Landreform, Großer Sprung, Kultur- revolution)	
Zielangabe　　TA	Die Politik Chinas seit 1960	
II. ERARBEITUNG: AA: 1. Warum kommt es zum Streit zwischen Peking und Moskau? 2. Nenne einen Streitpunkt! 3. Welche Rolle spielt China für die Dritte Welt? 4. Wie verhält sich China gegenüber dem Westen? Auswertung		
	SS: 1. Peking erkennt die Führungsrolle 　　Moskaus nicht an. 　　3. China strebt nach einer Führungs- 　　rolle in Ländern der Dritten Welt 　　4. China öffnet sich dem Westen.	
III. VERTIEFUNG: Ges.Wdhlg.		
IV. SICHERUNG:　　AB		
V. AUSWEITUNG: Impuls		
	L: Kennzeichnend für die neue chinesische Politik ist eine Aussage TENG HSIAO-PING'S über die sog. "Viererbande".	
Schülerbuch "Quellentext"	SS: Ohne moderne Wissenschaft und Tech- nik ist ein weiterer Aufbau nicht möglich ...	
Impuls	L: Daß China diesen Weg eingeschlagen hat, zeigen folgende Dinge!	
LSG	L: zeigt Dias (Mode früher - Mode heute) Statistik "Chinas Platz unter den 　　Großen"	

GESCHICHTE	Name	Klasse	Datum	Nr.

Die Politik Chinas seit 1960

1. Peking gegen Moskau - Kommunistische Bruderparteien im Streit

Anfangs leistete die sowjetische Kommunistische Partei Hilfe bei der Entwicklung der chinesischen Bruderpartei. Mao strebte jedoch nach Selbständigkeit gegenüber sowjetischem Führungsanspruch. So verurteilte die KPC den und den russischen Einmarsch in Polen zu Beginn des Zweiten Weltkrieges.

Ab etwa 1957 wird der Streit über den wahren Weg zum Kommunismus und die Methoden der Weltrevolution offen ausgetragen. China greift vor allem die Führungsrolle der KPdSU im sozialistischen Lager an.

Der Unterschied spiegelt sich auch wider in den Ansichten über die Bedeutung von Kriegen:

China:

Q 1 Die Ansichten der chinesischen Kommunisten über die Bedeutung von Kriegen sind geprägt von Maos Erlebnissen auf dem „Langen Marsch". Mao schrieb bereits 1938:

„Die zentrale Aufgabe der Revolution und ihre höchste Form ist die Machtergreifung auf bewaffnetem Wege, das heißt die Lösung der Frage durch den Krieg. Dieses revolutionäre Prinzip des Marxismus-Leninismus ist überall richtig; es ist unbedingt richtig sowohl für China als auch für die anderen Staaten ... Die Erfahrungen ... zeigen, daß die Arbeiterklasse und die werktätigen Massen die bewaffnete Bourgoisie und die Grundbesitzer nur mit Hilfe des Gewehrs besiegen können; in diesem Sinne kann man sagen, daß man die Welt nur mit Hilfe des Gewehrs umgestalten kann."

UdSSR:

Q 2 Der sowjetische Parteischef Chruschtschow verurteilt am 12.12.1962 die chinesische These von der Unvermeidbarkeit eines Weltkrieges:

„Die Menschlichkeit unserer Zeit hat nur eine Wahl: Friedliche Koexistenz oder Vernichtungskrieg ... Die Propagierung einer Lösung der strittigen Fragen zwischen Staaten durch Krieg ist ein Wahnwitz, der den Völkern nur Leid und Unglück bringen kann. sie hat nichts gemein mit der Lehre von Marx und Lenin ..."

Von den Chinesen und den mit ihnen verbündeten Albaniern sagt er, sie hätten „den Glauben verloren, daß der Sieg des Sozialismus ohne Krieg zwischen den Staaten möglich ist. Vielleicht aber haben sie eine solche Möglichkeit niemals begriffen; vielleicht sind sie der Ansicht, daß man nur über einen Krieg, durch Vernichtung von Millionen Menschen zum Kommunismus gelangen kann."

2. China strebt nach der Führungsrolle in der Dritten Welt

China greift im Jahr 1950 in den Korea-Krieg ein, hilft später den Freiheitsbewegungen in Laos und Vietnam. Die Chinesen gewinnen im Laufe der Zeit eine Vorrangstellung in der Dritten Welt.

3. China öffnet sich dem Westen

Der amerikanische Präsident Richard _____ besuchte im Jahr _____ zum ersten Mal China. Diesem Ereignis ging die Aufnahme Rotchinas in die _____ voraus. Auch die Außenminister aus _____ waren noch im gleichen Jahr in China. Maos politische Erben haben seit dessen Tod im Jahr _____ die Westpolitik noch verstärkt. Diese Öffnung nach dem Westen mußte gegen innenpolitische Widerstände durchgesetzt werden; besonders die sogenannte „_____ " bekämpfte diese chinesische Politik.

GESCHICHTE	Name	Klasse	Datum	Nr.

Die Politik Chinas seit 1960

1. Peking gegen Moskau - Kommunistische Bruderparteien im Streit

Anfangs leistete die sowjetische Kommunistische Partei Hilfe bei der Entwicklung der chinesischen Bruderpartei. Mao strebte jedoch nach Selbständigkeit gegenüber sowjetischem Führungsanspruch. So verurteilte die KPC den und den russischen Einmarsch in Polen zu Beginn des Zweiten Weltkrieges.

Ab etwa 1957 wird der Streit über den wahren Weg zum Kommunismus und die Methoden der Weltrevolution offen ausgetragen. China greift vor allem die Führungsrolle der KPdSU im sozialistischen Lager an.

Der Unterschied spiegelt sich auch wider in den Ansichten über die Bedeutung von Kriegen:

China:

Q 1 Die Ansichten der chinesischen Kommunisten über die Bedeutung von Kriegen sind geprägt von Maos Erlebnissen auf dem „Langen Marsch". Mao schrieb bereits 1938:

„Die zentrale Aufgabe der Revolution und ihre höchste Form ist die Machtergreifung auf bewaffnetem Wege, das heißt die Lösung der Frage durch den Krieg. Dieses revolutionäre Prinzip des Marxismus-Leninismus ist überall richtig; es ist unbedingt richtig sowohl für China als auch für die anderen Staaten ... Die Erfahrungen ... zeigen, daß die Arbeiterklasse und die werktätigen Massen die bewaffnete Bourgoisie und die Grundbesitzer nur mit Hilfe des Gewehrs besiegen können; in diesem Sinne kann man sagen, daß man die Welt nur mit Hilfe des Gewehrs umgestalten kann."

UdSSR:

Q 2 Der sowjetische Parteichef Chruschtschow verurteilt am 12.12.1962 die chinesische These von der Unvermeidbarkeit eines Weltkrieges:

„Die Menschlichkeit unserer Zeit hat nur eine Wahl: Friedliche Koexistenz oder Vernichtungskrieg ... Die Propagierung einer Lösung der strittigen Fragen zwischen Staaten durch Krieg ist ein Wahnwitz, der den Völkern nur Leid und Unglück bringen kann. sie hat nichts gemein mit der Lehre von Marx und Lenin ..."

Von den Chinesen und den mit ihnen verbündeten Albanern sagt er, sie hätten „den Glauben verloren, daß der Sieg des Sozialismus ohne Krieg zwischen den Staaten möglich ist. Vielleicht aber haben sie eine solche Möglichkeit niemals begriffen; vielleicht sind sie der Ansicht, daß man nur über einen Krieg, durch Vernichtung von Millionen Menschen zum Kommunismus gelangen kann."

2. China strebt nach der Führungsrolle in der Dritten Welt

China greift im Jahr 1950 in den Korea-Krieg ein, hilft später den Freiheitsbewegungen in Laos und Vietnam. Die Chinesen gewinnen im Laufe der Zeit eine Vorrangstellung in der Dritten Welt.

3. China öffnet sich dem Westen

Der amerikanische Präsident Richard _nixon_ besuchte im Jahr _1972_ zum ersten Mal China. Diesem Ereignis ging die Aufnahme Rotchinas in die _UNO_ voraus. Auch die Außenminister aus _Frankreich, England, Österreich und der Bundesrepublik Deutschland_ waren noch im gleichen Jahr in China. Maos politische Erben haben seit dessen Tod im Jahr _1976_ die Westpolitik noch verstärkt. Diese Öffnung nach dem Westen mußte gegen innenpolitische Widerstände durchgesetzt werden; besonders die sogenannte „ _Viererbande_ " bekämpfte diese chinesische Politik.

Nach dreißig Jahren eigenständiger und von der übrigen Welt abgeschlossener Entwicklung ist China heute in der Lage, die elementaren Bedürfnisse von nunmehr einer Milliarde Menschen einigermaßen zu befriedigen. Zwar ist der durchschnittliche Lebensstandard noch relativ niedrig, aber es gibt – im Unterschied zu fast allen anderen Ländern der Dritten Welt – kein Massenelend mehr. Dies ist das Werk Mao Tse-tungs. Sein Tod am 8. September 1977 stellt nicht nur eine Zäsur für die chinesische Entwicklung, sondern auch für die Weltpolitik dar; denn durch den von ihm forcierten Bruch mit Moskau hat er die Kräfteverhältnisse zwischen den Blöcken entscheidend verändert.

Sein Erfolgsrezept schon in den dreißiger Jahren im Kampf gegen Tschiang Kai-chek und die japanischen Besatzer war, nicht den Anweisungen aus Moskau Folge zu leisten, sondern einen eigenständigen nationalen Weg zu gehen. »Wir kämpfen selbstverständlich nicht für ein befreites China, um es dann Moskau zu übergeben«, hatte Mao bereits 1936 gegenüber dem amerikanischen Journalisten Edgar Snow betont. 1963, 14 Jahre nach Gründung der Volksrepublik China, wirft er erstmals vor den Augen der Weltöffentlichkeit den Sowjets vor, die Revolution verraten, die Idee des Sozialismus pervertiert zu haben und die anderen kommunistischen Parteien und Länder unterdrücken und bevormunden zu wollen.

Auch in China selbst sieht er seine Revolutionsvorstellungen gefährdet, auch hier dominieren Technokratie und hierarchische Strukturen über seine Vorstellungen von einem revolutionären Basissozialismus. So verbündet er sich 1966 mit der Jugend und fordert sie zur Erhebung gegen das Parteiestablishment auf. »Stürzt den König der Hölle (damit war Liu Schao-chi gemeint) und befreit die kleinen Teufel« ist der von Mao ausgegebene Schlachtruf, mit dem die Roten Garden die alte Ordnung hinwegfegen. Millionen von Jugendlichen ziehen, bewaffnet mit Maos rotem Büchlein, aufs Land, missionieren die Bauern -und heben überall »Konterrevolutionäre« aus. Ein roher, enthusiastischer Gleichheitsrausch überfällt das Land, in dessen Gefolge nicht wenige Funktionäre und Intellektuelle verhaftet und mißhandelt werden. Deng Hsiao-ping, der nach Liu Schao-chi bestgehaßte Mann der Kulturrevolution, wird zwecks Umerziehung zum Schweinemisten in eine landwirtschaftliche Kommune geschickt.

Doch die von Mao als gezielte Operation am erkrankten Parteikörper angelegte Kulturrevolution entwickelt sich zum Chaos: Die verschiedenen Fraktionen der Roten Garden liefern sich bewaffnete Kämpfe, die Produktion kommt zum Erliegen. Zusammen mit Tschou En-lai bremst Mao die wildgewordenen Kulturrevolutionäre und leitet eine Phase des wirtschaftlichen Aufbaus ein. Der Pragmatiker Deng feiert sein erstes Comeback.

Gegenüber der Sowjetunion verschärft Mao nach dem Einmarsch der Warschauer-Pakt-Staaten in die Tschechoslowakei die Polemik.

Mao Tse-tung und Deng Hsiao-ping:
GROSSE WENDE IN CHINA

Nun sind die Kremlführer nicht mehr nur »Revisionisten«, sondern »Sozialimperialisten«, sozialistisch in Worten, imperialistisch in ihren Taten, nun ist die UdSSR eine Supermacht, die genauso unerbittlich zu bekämpfen ist wie der alte Erzfeind USA. Im Zuge der propagierten antihegemonistischen Einheitsfront gegen die Supermächte betreibt schon Mao eine Politik der Öffnung nach Westen und nimmt Kontakt mit antisowjetisch orientierten westeuropäischen Politikern auf. Als sich Mao und Franz Josef Strauß freundlich lächelnd vor den Kameras der Weltpresse die Hände schütteln, ist dies ein erster Schock für die mit dem kulturrevolutionären China sympathisierenden Linken der westlichen Welt.

Im Inneren eskaliert nach Tschou En-lais Tod im Januar 76 der Kampf zwischen Deng und der radikalen Fraktion, die später als »Viererbande« tituliert wurde. Ihm sei es egal, ob eine Katze rot oder schwarz sei, Hauptsache, sie fresse Mäuse, so hatte Deng schon in den sechziger Jahren seine Linie auf eine einprägsame Formel gebracht. »Reaktionärer Unsinn, Furz«, soll Mao dazu gesagt haben, und der kleine Deng verschwindet zum zweiten Mal in

Das China nach Mao Tse-tung wird geprägt durch seinen Gegenspieler Deng Hsiao-ping. Mehr Freiheit, weniger Gleichheit ist der Kurs der neuen chinesischen Führung.

der Versenkung – endgültig, wie die »Chinawatchers« glaubten. Damit scheinen die radikalen Vier aus Schanghai zu triumphieren, doch Mao bestellt Hua Guo-feng, einen Kandidaten der Mitte, zum Ministerpräsidenten. Ein halbes Jahr später starb Mao. Kommt eine neue Kulturrevolution? Oder eine Annäherung an Moskau? Diese Fragen und eine Unmenge von Spekulationen bewegen die Weltöffentlichkeit. Nichts von alledem. Schon bald nach Maos Mumifizierung, nachdem Millionen Chinesen weinend an seiner Bahre vorbeidefiliert waren, kann Hua Guo-feng die »Viererbande« entmachten. Nach einer kurzen Pause ist Mao-Kontrahent Deng wieder zweitmächtigster Mann im Staat. Chinas neuer Kurs ist damit entschieden: Nicht mehr die Revolution steht an erster Stelle, sondern die Produktion, China soll mittels der »Vier Modernisierungen« bis zum Jahr 2000 ein wohlhabendes Industrieland sein. Lernen von den fortgeschrittenen kapitalistischen Staaten des Westens, ist die neue Parole, die Wirtschaftsbeziehungen expandieren sprunghaft, sogar Kredite werden aufgenommen, und damit wird das grundlegende Prinzip Maos, das »Vertrauen auf die eigene Kraft«, über Bord geworfen. In die Öffnung gegenüber dem Westen wird nun auch die USA miteinbezogen und nun weniger als feindliche Supermacht denn als Bündnispartner gegen den Hauptfeind Sowjetunion betrachtet.

Die Abwendung vom Puritanismus der Kulturrevolution läßt einen »Pekinger Frühling« ausbrechen: die Kultur wird vom Diktat eines rigiden sozialistischen Realismus befreit, Konsumbedürfnisse gelten nun nicht mehr als reaktionär, der blaue proletarische Einheitslook weicht langsam und schüchtern modischem Schick. Coca Cola – einst Inbegriff des verkommenen US-Imperialismus – feiert seinen Einzug und lange Schlangen bilden sich vor Kinos, in denen Charlie Chaplin durch die »Lichter der Großstadt« watschelt. Es werden offene politische Diskussionen geführt, in denen auch Kritik an der neuen Führung laut wird. Als diese so weit geht, die Kommunistische Partei und den Marxismus–Leninismus prinzipiell in Frage zu stellen, wird die Demokratisierung wieder etwas zurückgenommen. Die »Mauer der Demokratie« in Peking, die Meckerecke der Nation, wird geschlossen, und das Volk wird staatlicherseits ermahnt, daran zu denken, daß man zwar kapitalistische Technologie importiere, nicht aber bourgeoise Ideologie. Auch der Ausbau der Wirtschaftsbeziehungen mit dem Westen verlangsamt sich. Doch bedeutet dies keine Rückkehr zu kulturrevolutionären Prinzipien; die Urteile über die Kulturrevolution werden immer kritischer, und 1980 wird sogar Maos Hauptfeind Liu Schao-chi offiziell rehabilitiert. Mehr Freiheit, weniger Gleichheit, mehr Pragmatismus, weniger Ideologie, darauf scheint sich Pekings innere Politik einzupendeln. Mao Tse-tung, der immer voll revolutionärer Ungeduld das Endziel der klassenlosen Gesellschaft im Auge hatte – würde er das von Deng Hsiao-ping geschaffene China 2000 noch erkennen?

Magnus Reitschuster

Illustrierte Weltgeschichte von 1945 bis heute, S. 1068
© Pawlak Verlag, Herrsching o.J.

Rechts: Deng Xiaoping, der seit Maos Tod als »starker Mann« der Volksrepublik China gilt, akzeptierte im Januar 1987 den Rücktritt seines politischen Ziehkindes, des Partei-Generalsekretärs Hu Yaobang (links). Er warf ihm im Zusammenhang mit den Studentenunruhen Ende 1986 politische Versäumnisse vor. Das Politbüro ernannte den Regierungschef Zhao Ziyang zum Nachfolger Hus. Somit sicherte sich Deng Xiaoping seinen politischen Kurs gegenüber konservativen Gegnern ab.

THEMA
Das Jahr 1989 in China

LERNZIELE

- Erkenntnis, daß die chinesische Demokratiebewegung im Juni 1989 blutig niedergeschlagen wurde
- Wertung der Rolle von Teng Hsiao-ping
- Erkenntnis, daß weltweiter Protest wenig bewirkt

ARBEITSMITTEL/MEDIEN/LITERATURHINWEISE

Arbeitsblatt (1) mit Lösung
Folien (Informationstexte, Karikatur)
Bilder

TAFELBILD/FOLIEN

Chinesische Demokratiebewegung in Blutbad erstickt

Juni 1989

Auslandsproteste bleiben wirkungslos

Nach einer Welle moralischer Entrüstung folgen weltweit jedoch nur wenige konkrete politische Schritte. Zwar unterbrechen die zwölf EG-Staaten ebenso wie die USA hochrangige Kontakte auf diplomatischer Ebene. London verkündet ein Waffenembargo. Doch bleiben weitergehende Wirtschaftssanktionen im wesentlichen aus.

Nur wenige Staaten nehmen zugunsten der Volksrepublik China Stellung, die sich nach der blutigen Niederschlagung der Demokratiebewegung zu isolieren droht. Insbesondere die Erklärung der DDR, bei den Demonstrationen hätte es sich um »konterrevolutionäre Unruhen« gehandelt, deren entschlossene Niederschlagung zur Wiederherstellung der Ordnung gerechtfertigt gewesen sei, löst in den westlichen Demokratien Empörung aus.

Obwohl es nicht zu einem radikalen Bruch zwischen der westlichen Welt und China kommt, zeigt sich bei den 40-Jahr-Feiern der Volksrepublik im Oktober, daß zahlreiche Nationen den 4. Juni nicht vergessen haben: Nur wenige Staatsgäste sind bei dem Jubiläum anwesend.

Kampfpanzer der chinesischen Volksarmee rücken in Peking ein. Erbarmungslos überrollen sie später jeden Demonstranten, der sich ihnen in den Weg stellt.

Unterrichtsstufe Zielangabe TZ und (TZ) Zusf.	**METHODE** Lehr / Lernakte	Medieneinsatz	**LERNINHALTE (STOFF)** Tafelanschrift (bzw. Folie)	ZEIT
I. HINFÜHRUNG				
	stummer Impuls	Bild (Kampfpanzer) /Schlagzeile	SS: Chinesische Demokratiebewegung im Juni 1989 blutig niedergeschlagen ...	
Z i e l a n g a b e :		TA	┌─────────────────────┐ │ **China im Jahr 1989** │ └─────────────────────┘	
II. ERARBEITUNG				
	AA EA/PA	Info-Blatt	L: 1. Beschreibe die Vorgänge anhand folgender Daten: 15. April 4. Mai 20. Mai 30. Mai 4. Juni	
	Auswertung		15. April: Der Reformpolitiker Hu Yaobang stirbt. Anläßlich der Trauerkundgebungen demonstrieren Studenten für eine neue Politik.	
			4. Mai: 500.000 Menschen demonstrieren trotz Verbots für die Demokratie.	
			20. Mai: Die Regierung verhängt das Kriegsrecht. Hunderttausende von Pekinger Bürger versuchen, den Vormarsch der Truppen mit friedlichen Mitteln zu stoppen ...	
			30. Mai: Die Führer der "Unabhängigen Bewegung der Arbeiter Pekings" werden verhaftet.	
			4. Juni: In der Nacht zum 4. Juni stürmen regierungstreue Truppen den Tienanmen-Platz (Platz des Himmlischen Friedens). Panzer rasen in die Menschenmenge und walzen alles nieder, was sich in den Weg stellt. Fliehende Menschen werden erschossen.	
		Folie	(Sagt bitte aller Welt ...)	
III. VERTIEFUNG		Text	Was sind eine Million Tote?	
			Die Rolle von Teng Hsiao-ping: Vom Reformer-Image zum Verantwortlichen für dieses Blutbad.	
IV. SICHERUNG				
	Eintrag	AB		
V. AUSWEITUNG		Folie (Aus- landsproteste)	SS: Trotz einer Welle moralischer Entrüstung folgen weltweit nur wenige konkrete Schritte.	
			Die Erklärung der damaligen DDR-Führung löst in den westlichen Demokratien Empörung aus.	
		Folie Karikatur		

Chinesische Demokratiebewegung in Blutbad erstickt

4. Juni. Mit einem Blutbad beendet das chinesische Militär in Peking die seit Mitte April andauernden Massendemonstrationen für Demokratie und Menschenrechte Auf Befehl der chinesischen Führung unter Deng Xiaoping, die ihr Herrschaftsmonopol durch die hauptsächlich von Studenten getragenen Protestaktionen bedroht sieht, ermorden Soldaten der Volksarmee nach inoffiziellen Schätzungen 3600 Zivilisten. Das Massaker und die sich anschließende »Säuberungswelle«, in deren Verlauf zahlreiche Demonstranten hingerichtet werden, löst weltweit Entsetzen und Protest aus.

Die Abrechnung. Nach zuverlässigen Schätzungen fordert das Blutbad 3600 Tote und rund 60 000 Verletzte. In Peking und anderen Städten entlädt sich die Wut über das Massaker auf den Strassen. Panzer werden in Brand gesteckt, Soldaten gelyncht. Diese Bluttaten liefern der Führung den Vorwand zu Massenverhaftungen und Hinrichtungen sowie zu einer Säuberung der Partei. Am 15. Juni werden in Schanghai die ersten Todesurteile gegen drei Arbeiter verhängt (unten rechts), die einen Militärzug angezündet haben sollen. Schon eine Woche darauf werden die Urteile vollstreckt. Mit strenger Pressezensur, einer Wiederbelebung des Spitzelwesens, hohen Belohnungen für Denunzianten und Kasernenhofdrill an den Universitäten soll das Volk auf Linie gebracht werden. Auf die Ursachen der Krise – Inflation, Spekulation und Korruption – antwortet die Führung, indem sie die Reformschraube zurückdreht. Die zentralistische Planung soll verstärkt, der Spielraum für marktwirtschaftliche Initiativen beschnitten werden. Die von Zhao geplante Trennung von Partei und Staat findet nicht statt. Sie hätte Macht und Pfründe des korrupten Parteiapparates beschnitten.

Ende mit Schrecken. Bevor in der Nacht zum 4. Juni die Panzer den Volksprotest in Peking niederwalzen, erschüttert binnen sieben Wochen eine stetig wachsende Massenbewegung für Demokratie die Fundamente des vergreisten Regimes. Am 15. April stirbt der Reformpolitiker Hu Yaobang, der 1987 als Parteichef vom konservativen Flügel gestürzt worden ist. Während der Trauerkundgebungen fordern Studenten die Rehabilitierung Hus. Eine Woche darauf demonstrieren in Peking 150 000 Menschen im Umkreis der Universität. Ihr Motto: »Ein Toter lebt. Ein Lebender ist tot.« Der tote Lebende, der 84jährige Teng Hsiao-ping, lässt vor »Destabilisierung« warnen. Am 4. Mai, dem Jahrestag der Demokratie-Bewegung von 1919, demonstrieren trotz Verbots über eine halbe Million Menschen auf dem Tienanmen-Platz. 3000 Studenten treten in einen Hungerstreik. Fünf Tage später, während des Gorbatschow-Besuchs, streiken zahlreiche Betriebe, und auf den Strassen Pekings demonstriert eine Million Menschen für eine demokratische Verfassung. Parteiführer Zhao Ziyang, der als liberal gilt, erklärt sein Verständnis für die Forderungen der Massen und besucht Hungerstreikende im Krankenhaus. Der konservative Ministerpräsident Li Peng fordert Truppen aus anderen Landesteilen an, weil die Pekinger Soldaten einen Einsatz gegen die Demonstranten ablehnen. Am 20. Mai verhängt die Regierung das Kriegsrecht. Unterstützt von Massenkundgebungen in Schanghai und anderen Städten, versuchen Hunderttausende von Pekinger Bürgern, den Vormarsch der Truppen mit friedlichen Mitteln zu stoppen. Vorerst mit Erfolg. Viele Offiziere und Soldaten erklären sich solidarisch. Einige Tage später wird Zhao von der Li-treuen Presse als »Parteifeind« und »Unruhestifter« gebrandmarkt. Am 30. Mai werden die Führer der »Unabhängigen Bewegung der Arbeiter Pekings« verhaftet, während die Studenten auf dem Tienanmen die Statue der »Freiheitsgöttin« enthüllen. Die Studentenführerin Qai Ling (oben rechts) appelliert noch einmal an die internationale Solidarität, während regierungstreue Truppen auf Peking zumarschieren. In der Nacht zum 4. Juni stürmen sie den Tienanmen-Platz. Tausende von Demonstranten werden einfach plattgewalzt oder niedergeschossen (unten rechts). Als Augenzeuge schildert der renommierte 80jährige Literaturprofessor Yang Tsianyi der BBC die Tragödie: »Es ist das blutigste Massaker, das je von einer reaktionären Regierung angerichtet wurde. Wir haben gesehen, wie ein siebenjähriges Mädchen vor der Grossen Halle des Volkes ermordet worden ist. Wir haben auch gesehen, wie Studentinnen die Augen ausgeschossen wurden, wie ihnen die Gesichter zerfetzt wurden. Und die Studenten leisteten keinen Widerstand. Sie hatten sich nur untergehakt und versuchten, den Vormarsch der Soldaten zu stoppen. Die Soldaten mähten sie einfach nieder, mit ihren Maschinengewehren. Als die Studenten wegliefen, wurden sie von hinten erschossen.«

»Was sind eine Million Tote?« Mit dieser Aussage wird Teng Hsiao-ping (links) zitiert, der als Verantwortlicher des Juni-Massakers gilt. Zwar hat der 84jährige, von Altersleiden schwer gezeichnete Greis bis auf eins alle Ämter aufgegeben. Als Chef der ZK-Militärkommission ist er aber immer noch Oberbefehlshaber der Armee. Teng zerschlägt mit seinem Schiessbefehl endgültig das Reformer-Image, das ihm seit Ende der 70er Jahre anhaftete. Damals hatte der Mao-Nachfolger mit einer wirtschaftlichen Liberalisierungspolitik, die vor allem den Privatbauern zu relativem Wohlstand verhalf, China das Tor zum Westen geöffnet. Darüber hinaus hat sie ein enges Netz der Korruption geschaffen, in dem grosse Teile der Parteibürokratie wie Spinnen auf ihre Beute warten. Deren Sachverwalter Teng lehnt denn auch die politische Liberalisierung stets ab. Folgerichtig lässt er zum grossen Schlag ausholen, als sich die Überlebensfrage des Regimes stellt, die Machtfrage.

»Sagt bitte aller Welt, was hier passiert! Ihr seid unsere letzte Hoffnung!«

Zahlreiche Augenzeugenberichte, die in der internationalen Presse abgedruckt werden, führen der Weltöffentlichkeit die Brutalität der Ereignisse in Peking sowie die verstörten und entsetzten Reaktionen der chinesischen Bevölkerung vor Augen. Die Wochenzeitung »Die Zeit« zitiert eine chinesische Studentenführerin und zwei bundesdeutsche Journalisten, die das Geschehen dokumentieren:

»Einige von uns [Studenten] kämpften mit Stöcken und Limonadenflaschen – Waffen, die eigentlich keine sind – gegen Soldaten, die, mit Sturmgewehren und Panzern ausgerüstet, Amok liefen und die jegliche Vernunft verloren hatten ... Wir wußten, daß unsere letzte Stunde gekommen war, in der wir unsere Opfer für die Demokratie bringen mußten ... Wie wir erst später erfuhren, hatten noch einige Studenten Hoffnungen in die Regierung, in die Armee gesetzt und geglaubt, die Armee würde uns höchstens wegtragen. Sie waren erschöpft in ihren Zelten liegengeblieben. Die Panzer walzten sie einfach nieder. Später hieß es, es seien über 200 Studenten gewesen, andere meinten, schon über 4000 seien getötet worden. Bis jetzt kenne ich die genaue Zahl der Opfer nicht. Die Zelte und Kleidungsstücke ließ man von den Panzern und Schützenpanzern aus mit Benzin übergießen, die Leichen der Kommilitonen wurden einfach verbrannt. Danach wurde der Boden mit Wasser abgespritzt, so daß keinerlei Spuren übrigblieben ... Auf der Chang'an[-Avenue] kam uns ein Panzer entgegen, der mit Tränengas schoß, dann über mehrere von uns hinwegrollte, ihnen die Beine zerquetschte, den Kopf. Oft konnten wir keine ›vollständigen‹ Leichen mehr auffinden. Die Kommilitonen, die sich geopfert haben, wie soll man je ihr Leben zurückgewinnen?«

»Gegen zehn Uhr morgens fahren wir auf dem dritten Ring von Osten in die Stadt. Überall dasselbe Bild: Niedergewalzte Straßenbarrikaden, zermalmte Fahrräder, viele zertrümmerte, brennende oder schon ausgebrannte Militärfahrzeuge. Am Boden verstreute Pflastersteine. Trotz verschärfter Bestimmungen des Ausnahmezustandes stehen überall große Menschengruppen und diskutieren. In den Gesichtern spiegeln sich Fassungslosigkeit, aber auch Wut und Haß ... Wir halten an einem Restaurant an, um zu telephonieren. Sofort kommen Chinesen auf uns zu: ›Aus welchem Land kommen Sie? Sind Sie Journalisten?‹ Und dann der Satz, den wir in diesen Tagen noch häufig hören sollen. ›Sagt bitte in aller Welt, was hier passiert. Ihr Journalisten aus dem Ausland seid jetzt unsere letzte Hoffnung!‹«

Allen Bewegungen des Erdballs zum Trotz — SZ-Zeichnung: P. Leger

GESCHICHTE	Name		Klasse	Datum	Nr.

Das Jahr 1989 in China

15. April: _____

_____

_____

4. Mai: _____

_____

20. Mai: _____

_____

_____

_____

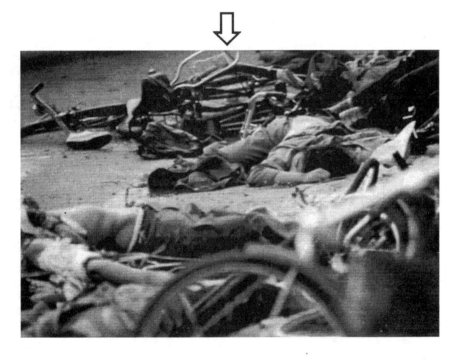

4. Juni: _____

_____

_____

_____

_____

_____

GESCHICHTE	Name	Klasse	Datum	Nr.

Das Jahr 1989 in China

15. April: *Der Reformpolitiker Hu Yaobang stirbt. Anläßlich der Trauerkund-*
gebungen demonstrieren Studenten für eine neue Politik.

4. Mai: *500.000 Menschen demonstrieren trotz Verbots für die Einführung*
der Demokratie.

20. Mai: *Die Regierung verhängt das Kriegsrecht. Hunderttausende von Pe-*
kinger Bürgern versuchen, den Vormarsch der Truppen mit friedlichen
Mitteln zu stoppen.

4. Juni: *In der Nacht zum 4. Juni stürmen regierungstreue Truppen den*
"Platz des Himmlischen Friedens". Panzer rasen in die Menschen-
menge und walzen alles nieder, was sich ihnen in den Weg stellt.
Fliehende Menschen werden erschossen. Das Blutbad fordert ca.
3.600 Tote und über 60.000 Verletzte.

THEMA Die Europäische Union

LERNZIELE

- Einblick in die Entwicklung Europas von 1948 bis heute
- Einsicht, daß die Verwirklichung gemeinsamer politischer und wirtschaftlicher Ziele noch mehr Zusammenarbeit innerhalb der EU erfordert
- Erkenntnis, daß gerade die Organe der EU Probleme zwischen den Ländern abbauen helfen

ARBEITSMITTEL/MEDIEN/LITERATURHINWEISE

Arbeitsblatt (1) mit Lösung
Folien (Informationstexte)
Bilder

TAFELBILD/FOLIEN

Vereinigte Staaten von Europa?

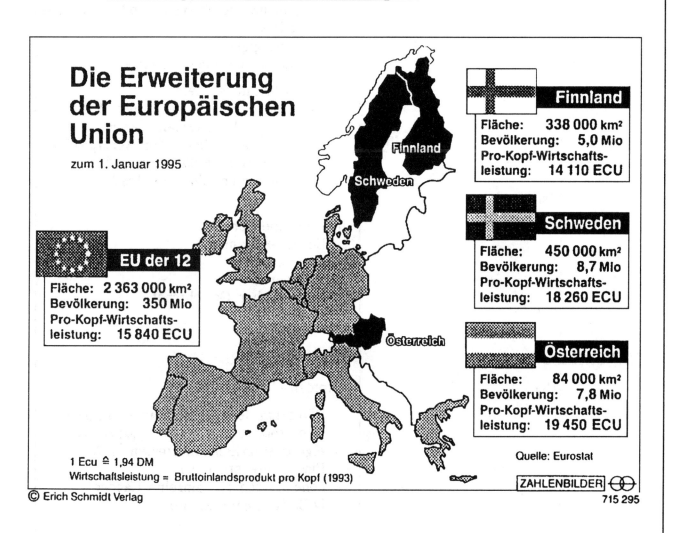

Die Erweiterung der Europäischen Union

zum 1. Januar 1995

EU der 12
Fläche: 2 363 000 km²
Bevölkerung: 350 Mio
Pro-Kopf-Wirtschaftsleistung: 15 840 ECU

Finnland
Fläche: 338 000 km²
Bevölkerung: 5,0 Mio
Pro-Kopf-Wirtschaftsleistung: 14 110 ECU

Schweden
Fläche: 450 000 km²
Bevölkerung: 8,7 Mio
Pro-Kopf-Wirtschaftsleistung: 18 260 ECU

Österreich
Fläche: 84 000 km²
Bevölkerung: 7,8 Mio
Pro-Kopf-Wirtschaftsleistung: 19 450 ECU

1 Ecu ≙ 1,94 DM
Wirtschaftsleistung = Bruttoinlandsprodukt pro Kopf (1993)
Quelle: Eurostat
ZAHLENBILDER

© Erich Schmidt Verlag

715 295

METHODE Unterrichtsstufe :(Teil) Zielangabe und (Teil) Zusammenfassung Lehr / Lernakte ♦ Medieneinsatz	LERNINHALTE (STOFF) Tafelanschrift (bzw. Folie)	ZEIT
I. EINSTIEG: Folie	<u>100 m Sprint-Weltrekord-Lauf im Jahr 2010:</u> Jim Jones (USA) 9,52 sec Harry Klein (USE) 9,59 sec Louis Bronson (USA) 9,60 sec Fernando Garcia (USE) 9,65 sec	
UG Zielangabe	"United States of Europe"? Gibt es die Vereinigten Staaten von Europa bald?	

II. ERARBEITUNG:
  1. Teilziel:
 	
          Karte(n)
	Die Entwicklung Europas(von der OEEC bis EUREKA)
	a) L.-Vortrag: Europa wächst: 1948-heute
	b) Arbeit mit Kartenmaterial/Atlas:
	   Das Europa der 15	

2. Teilziel:	Politische und wirtschaftliche Ziele der EU
	a) politische Ziele:
	    - gemeinsames Parlament
	    - gemeinsame Energie- und Forschungspolitik
	    - Freizügigkeit
	    - Europa mit <u>einer</u> Stimme
	
	b) wirtschaftliche Ziele:
	    - stärkste Handelsmacht der Welt
	    - keine Zölle innerhalb der EU
	    - gemeinsame Preise für Agrarprodukte
	    - gemeinsame Außenhandelszölle
	    - gemeinsamer Währungsfond	

Zsf. AB 3. Teilziel:	Die Organe der EU - Europa-Parlament - Kommision - Ministerrat - Europäischer Gerichtshof	
Zsf. AB		
III. VERTIEFUNG: UG	Probleme der EU heute? - Förderung leistungsschwacher Länder - Überproduktion auf dem Agrarmarkt - eigene staatliche Interessen (z.B. Fischereirechte u.a.) - hohe Kosten für einzelne Länder (z.B. für Deutschland)	

GESCHICHTE	Name		Klasse	Datum	Nr.

Die Europäische Union

„Es gibt drei Hügel, von denen das Abendland seinen Ausgang genommen hat: Golgatha, Die Akropolis von Athen und das Kapitol in Rom."

(Prof. Dr. Theodor Heuss)

Gemeinsames kulturelles Erbe:

Die Ziele der Europäischen Union

O _____

O _____

O _____

O _____

Maßnahmen und Erfolge der EU

O _____

_____

O _____

Die Organe der EU

Belastende Probleme

_____

_____

_____

Wie kannst du den Europagedanken verwirklichen?

_____

_____

_____

GESCHICHTE	Name	Klasse	Datum	Nr.

Die Europäische Union

„Es gibt drei Hügel, von denen das Abendland seinen Ausgang genommen hat: Golgatha, Die Akropolis von Athen und das Kapitol in Rom."

(Prof. Dr. Theodor Heuss)

Gemeinsames kulturelles Erbe:

griechisch	römisch	christlich

Die Ziele der Europäischen Union

○ *politische, wirtschaftliche und kulturelle Zusammenarbeit der Staaten in Europa*

○ *Zollfreiheit, gemeinsame Preise für Agrargüter*

○ *gemeinsame Außenhandelszölle, gemeinsamer Währungsfond*

○ *garantierte Abnahme landwirtschaftlicher Produkte*

Maßnahmen und Erfolge der EU

○ *gemeinsame politische Entscheidungen erhöhen das Gewicht der Europäischen Union, Freizügigkeit*

○ *Gemeinsamkeit bei der Energie- und Forschungspolitik*

Die Organe der EU

Ministerrat		Kommission
Europäischer Gerichtshof		Europaparlament

Belastende Probleme

unterschiedliche Staatsformen, Sprachen, Wirtschaftstrukturen und Währungen (Einführung des ecu geplant), unterschiedliche Lohntarife, Infrastrukturen, Rechtssprechungen u.a.

Wie kannst du den Europagedanken verwirklichen?

Sprachen lernen, Reisen in die Nachbarländer, Brieffreundschaften, Schüleraustausch, Partnerschaften mit EU-Nachbarn (Orte, Städte), Bücher über dieses Thema lesen, vom Wahlrecht Gebrauch machen u.a.

GESCHICHTE

Name	Klasse	Datum	Nr.

Etappen der Europäischen Einigung

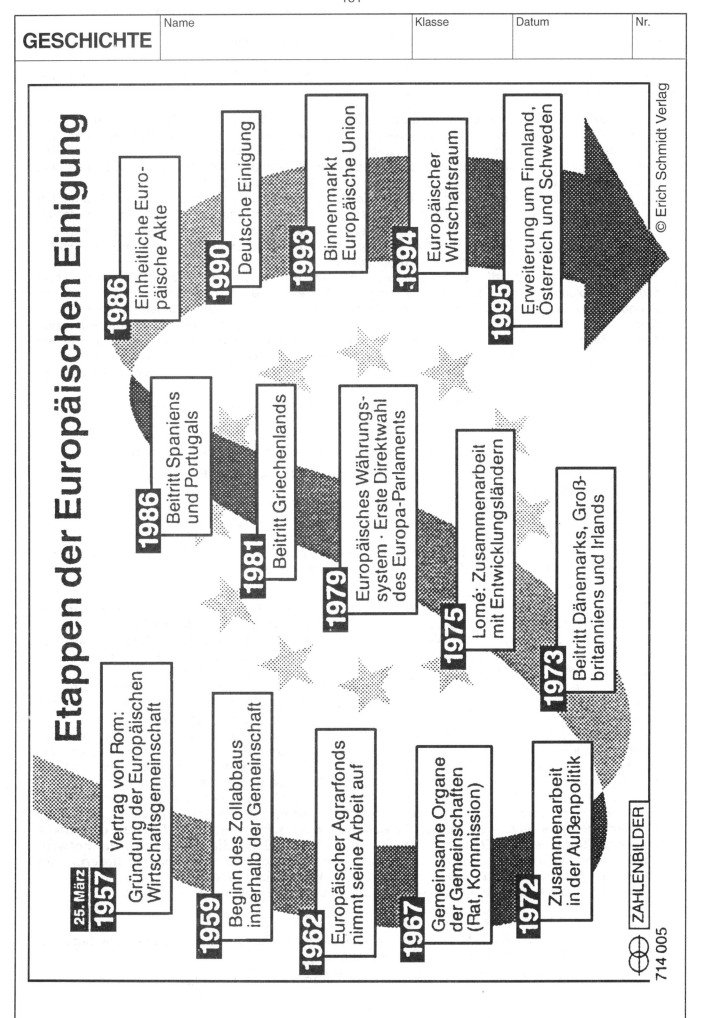

25. März 1957 Vertrag von Rom: Gründung der Europäischen Wirtschaftsgemeinschaft

1959 Beginn des Zollabbaus innerhalb der Gemeinschaft

1962 Europäischer Agrarfonds nimmt seine Arbeit auf

1967 Gemeinsame Organe der Gemeinschaften (Rat, Kommission)

1972 Zusammenarbeit in der Außenpolitik

1973 Beitritt Dänemarks, Großbritanniens und Irlands

1975 Lomé: Zusammenarbeit mit Entwicklungsländern

1979 Europäisches Währungssystem · Erste Direktwahl des Europa-Parlaments

1981 Beitritt Griechenlands

1986 Beitritt Spaniens und Portugals

1986 Einheitliche Europäische Akte

1990 Deutsche Einigung

1993 Binnenmarkt Europäische Union

1994 Europäischer Wirtschaftsraum

1995 Erweiterung um Finnland, Österreich und Schweden

ZAHLENBILDER

714 005

"Fundamente" zur Europäischen Einheit

1. Die folgende Rede CHURCHILLS (1946) fand - vor allem bei der Jugend Europas - viel Beachtung.

"Wir müssen etwas wie die Vereinigten Staaten von Europa schaffen. Nur so können Hunderte von Millionen schwer arbeitender Menschen wieder die einfachen Freuden und Hoffnungen zurückgewinnen, die das Leben lebenswert machen. Das Verfahren ist einfach. Was wir benötigen, ist der Entschluß von Hunderten von Millionen Männern und Frauen, Recht statt Unrecht zu tun und als Lohn Segen statt Fluch zu ernten ...
Ich spreche jetzt etwas aus, das Sie in Erstaunen versetzen wird. Der erste Schritt bei der Neugründung der europäischen Familie muß eine Partnerschaft zwischen Frankreich und Deutschland sein. Nur auf diese Weise kann Frankreich die moralische Führung Europas wiedererlangen. Es gibt kein Wiederaufleben Europas ohne ein geistig großes Frankreich und ein geistig großes Deutschland...
Der erste Schritt ist die Bildung eines Europarates. Wenn zu Anfang auch nicht alle Staaten Europas willens oder in der Lage sind, der Union beizutreten, müssen wir uns dennoch ans Werk machen, diejenigen Staaten, die es wollen und können, zusammenzufassen und zu vereinen. ... Bei dieser so dringenden Aufgabe müssen Frankreich und Deutschland die Führung zusammen übernehmen. Großbritannien, das Britische Commonwealth of Nations, das mächtige Amerika und ich hoffe, Sowjetrußland - denn dann wäre in der Tat alles gut - müssen die Freunde und Förderer des neuen Europas sein und für sein Recht auf Leben und Glanz eintreten."
Schöndube, Claus und Ruppert, Christel. Eine Idee setzt sich durch. Hangelar bei Bonn, 1964, 129 f.

A r b e i t s a u f t r ä g e

1. Weshalb trat CHURCHILL 1946 für die Gründung einer europäischen Union ein?

2. Warum stellt CHURCHILL gerade die Partnerschaft zwischen Frankreich und Deutschland in den Mittelpunkt?

3. Welche Forderung stellt CHURCHILL?

2. Der französische Außenminister ROBERT SCHUMAN schlug 1950 vor, mit der europäischen Zusammenarbeit auf wirtschaftlicher Ebene zu beginnen.
Auszug aus seiner Rede am 9. Mai 1950:

"Europa läßt sich nicht mit einem Schlage herstellen und auch nicht durch eine einfache Zusammenfassung: es wird durch konkrete Tatsachen entstehen, die zunächst eine Solidarität der Tat schaffen. Die Vereinigung der europäischen Nationen erfordert, daß der Jahrhunderte alte Gegensatz zwischen Frankreich und Deutschland ausgelöscht wird. Das begonnene Werk muß in erster Linie Deutschland und Frankreich erfassen ...
Die französische Regierung schlägt vor, die Gesamtheit der französisch-deutschen Kohlen- und Stahlproduktion unter eine gemeinsame oberste Aufsichtsbehörde zu stellen, in einer Organisation, die den anderen europäischen Ländern zum Beitritt offensteht.
Die Zusammenlegung der Kohlen- und Stahlproduktion wird sofort die Schaffung gemeinsamer Grundlagen für die wirtschaftliche Entwicklung sichern - die erste Etappe der europäischen Föderation* - und die Bestimmung jener Gebiete ändern, die lange Zeit der Herstellung von Waffen gewidmet waren, deren sicherste Opfer sie gewesen sind.
Die Solidarität der Produktion, die so geschaffen wird, wird bekunden, daß jeder Krieg zwischen Frankreich und Deutschland nicht nur undenkbar, sondern materiell unmöglich ist. Die Schaffung dieser mächtigen Produktionsgemeinschaft, die allen Ländern offensteht, die daran teilnehmen wollen, mit dem Zweck, allen Ländern, die sie umfaßt, die notwendigen Grundstoffe für ihre industrielle Produktion zu gleichen Bedingungen zu liefern, wird die realen Fundamente zu ihrer wirtschaftlichen Vereinigung legen" ...
Jansen, Thomas und Weiddenfeld, Werner (Verf.), Europa, Bilanz und Perspektive, Mainz 1973, 77.

A r b e i t s a u f t r ä g e

1. Der Vorschlag ROBERT SCHUMANS wurde als eine "Revolution" des Friedens bezeichnet. Worauf gründete sich diese Einschätzung?

2. Warum erschien dieser Weg internationaler Zusammenarbeit erfolgversprechend?

THEMA

Die Bedeutung der Vereinten Nationen

LERNZIELE

- Einblick in die Entstehung der Vereinten Nationen
- Kennenlernen der Ziele, Grundsätze und Hauptorgane der Vereinten Nationen
- Wissen um die Bedeutung des Sicherheitsrates und der Sonderorganisationen
- Kenntnis der Möglichkeiten und Grenzen der Vereinten Nationen

ARBEITSMITTEL/MEDIEN/LITERATURHINWEISE

Arbeitsblätter (3) mit Lösungen
Informationsblätter (2), Hausaufgabenblatt mit Ausschneideblatt
Folien (Informationstexte)

Text unten aus:
J. Weber: Geschichte entdecken 9
© C.C. Buchners Verlag, Bamberg 1988

TAFELBILD/FOLIEN

<u>Welche Bedeutung haben die Vereinten Nationen?</u>

- *Friedenssicherung*

- *Mitspracherecht für jedes Land*

- *Grundrechte und Gleichberechtigung für alle durchsetzen*

- *Zusammenarbeit der Völker*

- *Sozialen Fortschritt sichern*

1945

- *Eingreifen in Krisensituationen*

- *humanitäre Hilfen geben*

Seit 1945 kommt es bis heute weltweit zu rund 150 bewaffneten Auseinandersetzungen (Kriege und Bürgerkriege), in deren Verlauf schätzungsweise 25 Millionen Menschen getötet werden. Bei nur wenigen – 25 Kriege und Krisen – greift die UNO ein; **in neun Fällen ist sie erfolgreich** und kann den Frieden wieder herstellen. Dazu zählen der Korea-Krieg (1950/53), der Bürgerkrieg in Zaire (ehemalige belgische Kolonie Kongo) und die Suez-Krise 1956; wiederholt bemüht sich die UNO um eine Lösung in dem Konflikt zwischen Israel und den arabischen Staaten (1948, 1967, 1973). Eine Reihe weiterer Kriege kann ebenfalls durch ihr Eingreifen beendet werden. Doch in den meisten Fällen lassen die Interessen der Großmächte wirksame Maßnahmen der Weltorganisation nicht zu. Im Vietnam-Krieg verhindert die USA entsprechende Aktionen der UNO; der sowjetische Einmarsch in Afghanistan, der Krieg zwischen Irak und Iran sind weitere aktuelle Beispiele für die Machtlosigkeit der UNO.

Die UNO als Feuerwehr (Karikatur)

Unterrichtsstufe Zielangabe / TZ und (TZ) Zusf.	METHODE		LERNINHALTE (STOFF)	ZEIT
	Lehr / Lernakte	Medieneinsatz	Tafelanschrift (bzw. Folie)	

Unterrichtsstufe / Zielangabe	Lehr / Lernakte	Medieneinsatz	Tafelanschrift (bzw. Folie)	ZEIT
I. EINSTIEG		Zeitungsartikel	Konflikt, z. B.: Israel-Libanon-Konflikt Artikel vorlesen - SS-Aussprache	
II. ERARBEITUNG				
1. Teilziel			<u>Entstehung und Ziele der UN</u>	
		Infobl. Nr. 1+2	SS: lesen leise die beiden Abschnitte	
	Kl. Arb.		Jeder SS macht mindestens eine Aussage zum gelesenen Text	
		AB Nr. 1+2	SS: formulieren die Antworten zu den Fragen des AB Nr. 1+2	
TZusf		AB Nr. 1+2	SS: berichten mit eigenen Worten über die Punkte 1+2 des AB	
2. Teilziel			<u>Hauptorgane und Sonderorganisationen der UN</u>	
		Infobl. Nr. 3	Je eine Gruppe übernimmt den mündl. Bericht über ein Hauptorgan der UN. Damit sich alle SS einer Gruppe vorbereiten, bestimmt der L. den Gruppensprecher kurz vor dem Bericht	
	Grp. Arb.			
		AB Nr. 3	SS: formulieren die Antworten zu Nr. 3 des AB - gemeinsamer Eintrag der Lösungen a. d. AB	
	PA	AB Nr. 4	In Partnergruppen verbinden die SS die Kästchen (AB Nr. 4), die sachlich zusammengehören	
			SS: berichten kurz, wie sie Pfeile gesetzt haben	
Teilzusf		AB Nr. 3 + 4	L-fragen zu Nr. 3 des AB: a) Nenne die 6 Hauptorgane der UN! b) Welche Aufgaben hat die Vollversammlung der UN? c) Was weißt du über den Sicherheitsrat der UN? d) usw..... (Schwächere SS dürfen zur Formulierung ihrer Antworten das AB zu Hilfe nehmen!)	
	Kl. Arb.		SS-berichte zu Nr. 4 des AB: 2 SS sprechen jeweils zu den beiden Bildern, die sie mit Pfeilen verbunden haben	
		Folie	zeigt Lösung v. AB 1-3	
3. Teilziel			<u>Möglichkeiten und Grenzen der UN</u>	
		Infobl. Nr. 4+5 u. AB Nr. 5+6	In Partnergruppen werden Informationstext (Infobl. Nr. 4+5) und Fragen des AB Nr. 5+6 durchgelesen Richtige mdl. Zuordnungen zu AB Nr. 5 werden sofort hier eingetragen Nr. 6 des AB: ebenfalls: mdl. formulieren - eintragen!	
TZusf		AB Nr. 5+6	SS: fragen - SS antworten	
4. Teilziel			<u>Ist die Bundesrepublik Deutschland Mitglied der UN?</u>	
		Infobl. Nr. 6+7	SS: lesen Text des Infobl. 6+7 laut vor	
		AB Nr. 7	Richtige Antworten werden unter Nr. 7 des AB eingetragen	
Teilzusf		AB Nr. 7	Einige SS wiederholen ihre Antworten mündlich	
Hausaufgabe		HA-blatt Ausschneidebl.	Richtige Antwortkärtchen des Ausschneideblattes ausschneiden und auf das HA-blatt aufkleben	
Teilzusf		HA-blatt Ausschneidebl.	L: kontrolliert die HA SS: lesen ihre Antworten laut vor	
5. Teilziel			<u>Weitere Möglichkeiten der internationalen Zusammenarbeit</u>	
		Infobl. Nr. 8	SS: lesen Infoblatt Nr. 8 durch. In Gruppen suchen sie nun die Oberpunkte zu den unter Nr. 8 genannten Möglichkeiten	
	Grp. Arb.	AB Nr. 8 AB Nr. 9	Gruppenberichte - Eintrag a. d. AB mündlich besprechen	
Teilzusf		AB Nr. 8+9	Kurze Diskussion zu II. 1+2 d. AB	
III. GZUSF		AB Nr. 10	Füllen des Lückentextes Jeder SS erstellt einen Frage-Antwortkatalog -ca. 10 Punkte zum Thema UN und intern. Zusammenarbeit.	

GESCHICHTE	Name	Klasse	Datum	Nr.

Die Bedeutung der Vereinten Nationen (1)

1. Wie entstanden die Vereinten Nationen?

Vorgänger der UN:

„Liga der Nationen" _____ Gründung: _____ Initiative: _____

_____ _____ _____

Völkerzusammenschluß _____ Gründung: _____ Initiative: _____

_____ _____ _____

2. Ziele und Grundsätze der UN:

a) _____

b) _____

c) _____

3. Die sechs Hauptorgane der UN:

_____
_____
_____
_____

_____
_____
_____
_____

Sitz in Den Haag

_____
_____

Entwicklungs-
förderung

_____
_____

13 Sonder-
organisationen

_____

_____

5 ständige Mitglieder - 10 nichtständige, auf zwei Jahre gewählte Mitglieder.

GESCHICHTE	Name		Klasse	Datum	Nr.

Die Bedeutung der Vereinten Nationen (1)

1. Wie entstanden die Vereinten Nationen?

Vorgänger der UN:

„Liga der Nationen"   *Völkerbund*   Gründung: *nach dem*   Initiative:

1. Weltkrieg   *Präs. Wilson, USA*

Völkerzusammenschluß   *Vereinte Nationen*   Gründung: *nach dem*   Initiative:

(UN)   *2. Weltkrieg*   *Prä. Roosevelt, USA*

(26. Juni 1945)

2. Ziele und Grundsätze der UN:

a) *Die Menschheit vor kriegerischen Auseinandersetzungen zu bewahren*

b) *Grundrechte und Gleichberechtigung für alle*

c) *Sozialer Fortschritt, besserer Lebensstandard*

3. Die sechs Hauptorgane der UN:

Sekretariat

Ihm unterstehen

mehrere Spezial-

organisationen

Generalsekretär

Vollversammlung, jedes Jahr in New York (pro Staat eine Stimme)

Internationaler

Gerichtshof

Ihm gehören

15 Richter an

Sitz in Den Haag

Treuhänderrat

Er verwaltet

Treuhandgebiete

der UN

**Entwicklungs-
förderung**

Wirtschafts- und

Sozialrat

UNICEF, WHO,

FAO, UNESCO

**13 Sonder-
organisationen**

Sicherheitsrat: ständige Mitgl. (USA, Großbritannien,

Rußland, China, Frankreich) mit Veto-Recht

5 ständige Mitglieder - 10 nichtständige, auf zwei Jahre gewählte Mitglieder.

GESCHICHTE	Name	Klasse	Datum	Nr.

Die Bedeutung der Vereinten Nationen (2)

4. Einige wichtige Sonderorganisationen der UN:
Verbinde mit Pfeilen!

Organisation für Ernährung und Landwirtschaft	Welt-gesundheits-organisation	Erziehungs-, Wissenschafts- und Kulturrat	Welt-Kinder-hilfswerk

Ärzte treten an die Stelle der Medizin-männer	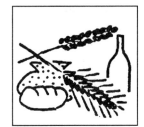	United Nations International Children's Energiency Fund	Hilfe für Ent-wicklungsländer

5. Möglichkeiten der UN:

a) 1948 verkündete die Generalversammlung der UN die „Allgemeine Erklärung der Menschenrechte":

_____

_____

b) Waffenstillstandsabkommen und Einsatz von Beobachtern und Friedenstruppen („Blauhelme"):

_____

_____

c) Abrüstungsverhandlungen, Probleme der Weltraumnutzung sowie der Nutzung der Meere

_____

_____

d) Dienstleistungen auf kulturellem, sozialem, wirtschaftlichem und wissenschaftlichem Gebiet:

_____

_____

e) Treffpunkt der politischen Vertreter aller Nationen:

_____

_____

GESCHICHTE	Name	Klasse	Datum	Nr.

Die Bedeutung der Vereinten Nationen (2)

4. Einige wichtige Sonderorganisationen der UN:
Verbinde mit Pfeilen!

FAO	WHO	UNESCO	UNICEF
Organisation für Ernährung und Landwirtschaft	Welt-gesundheits-organisation	Erziehungs-, Wissenschafts- und Kulturrat	Welt-Kinder-hilfswerk

Ärzte treten an die Stelle der Medizin-männer		United Nations International Children's Energiency Fund	Hilfe für Ent-wicklungsländer

5. Möglichkeiten der UN:

a) 1948 verkündete die Generalversammlung der UN die „Allgemeine Erklärung der Menschenrechte":

Die Menschenrechte wurden in viele nationale Verfassungen aufgenommen

b) Waffenstillstandsabkommen und Einsatz von Beobachtern und Friedenstruppen („Blauhelme"):

Einsatz in Konflikten z.B. zwischen Indien und Pakistan, auf Zypern, im Nahen Osten

Kriegseinsatz im Konflikt zwischen Serben und Kroaten

c) Abrüstungsverhandlungen, Probleme der Weltraumnutzung sowie der Nutzung der Meere

Entsprechende Verträge wurden von den Vereinten Nationen eingeleitet und werden von

ihr weiter verfolgt

d) Dienstleistungen auf kulturellem, sozialem, wirtschaftlichem und wissenschaftlichem Gebiet:

Das geschieht durch die 13 Sonderorganisationen der UN wie z.B. UNICEF, WHO, FAO,

UNESCO, IDA (Internationale Entwicklungsgesellschaft) u.a.

e) Treffpunkt der politischen Vertreter aller Nationen:

Austausch von Meinungen

Mittel der Annäherung und Entspannung

GESCHICHTE	Name	Klasse	Datum	Nr.

Die Bedeutung der Vereinten Nationen (3)

6. Grenzen und Probleme der UN:
   Nicht verhindern konnte die UN z.B.:

   - _____

   - _____

   - _____

   - _____

   Probleme hat die UN:

   - _____

   _____

   - _____

   _____

   - _____

7. Ist auch die Bundesrepublik Deutschland Mitglied der UN?

   133. Mitglied der UN: _____

   134. Mitglied der UN: _____

   Aufnahmedatum für beide Staaten: _____

8. Auf welchen Gebieten siehst du weitere Möglichkeiten der internationalen Zusammenarbeit? Suche die Oberbegriffe der unter Punkt 8 des Infoblattes genannten Möglichkeiten!

   _____

   _____

9. Versuche die genannten Probleme nach ihrer Dringlichkeit zu ordnen.

   _____

   _____

10. Die Vereinten Nationen wollen die Menschheit vor einem _____ bewahren.

    Die Beschlüsse der UN stellen jedoch nur _____ dar. Verantwortlich

    für Bemühungen zur Erhaltung des Friedens ist der _____ . Durch die

    moderne Technik rückt die Welt immer näher _____ . Daher müssen immer

    mehr Aufgaben durch internationale _____ geregelt werden.

GESCHICHTE	Name	Klasse	Datum	Nr.

Die Bedeutung der Vereinten Nationen (3)

6. Grenzen und Probleme der UN:
   Nicht verhindern konnte die UN z.B.:

   - *das Wettrüsten der Ost–West–Machtblöcke*

   - *Waffenlieferungen an Länder der Dritten Welt*

   - *den Vietnamkrieg (1964 – 1975) und den sowjetischen Einmarsch in Afghanistan*

   - *den Bürgerkrieg im ehemaligen Jugoslawien*

   Probleme hat die UN:

   - *Schwierigkeit, Interessengegensätze zwischen den Staaten mit voller Souveränität zu überbrücken*

   - *mit geringen materiellen Machtmitteln scheitert die UN oft am Widerspruch (Veto) einer der Großmächte*

   - *die UN leidet an einer chronischen Finanzkrise*

7. Ist auch die Bundesrepublik Deutschland Mitglied der UN?

   133. Mitglied der UN: *Deutsche Demokratische Republik (inzwischen hinfällig)*

   134. Mitglied der UN: *Bundesrepublik Deutschland*

   Aufnahmedatum für beide Staaten: *18. September 1973*

8. Auf welchen Gebieten siehst du weitere Möglichkeiten der internationalen Zusammenarbeit? Suche die Oberbegriffe der unter Punkt 8 des Infoblattes genannten Möglichkeiten!

   Sport, Medizin, Wirtschaft, Bildung, Menschenrechte, Umweltschutz, Technik, Glaubens-fragen

9. Versuche die genannten Probleme nach ihrer Dringlichkeit zu ordnen.

   Umweltschutz –> Menschenrechte –> Wirtschaft –> Technik –> Medizin –> Glaubens-fragen –> Sport

10. Die Vereinten Nationen wollen die Menschheit vor einem *Krieg* bewahren. Die Beschlüsse der UN stellen jedoch nur *Empfehlungen* dar. Verantwortlich für Bemühungen zur Erhaltung des Friedens ist der *Sicherheitsrat*. Durch die moderne Technik rückt die Welt immer näher *zusammen*. Daher müssen immer mehr Aufgaben durch internationale *Zusammenarbeit* geregelt werden.

GESCHICHTE	Name		Klasse	Datum	Nr.

Die Bedeutung der Vereinten Nationen

1. Schneide die Kärtchen auf dem Ausschneideblatt aus und klebe diese hier entsprechend ein!

Vollversammlung	Treuhänderrat	Internationaler Gerichtshof
Sicherheitsrat	**Wirtschafts- und Sozialrat**	**Generalsekretär Sekretariat**

2. Generalsekretär der UN?

_____

3. Vorgänger der UN?

_____

4. Die UN hat

_____

5. Das 134. Mitglied heißt

_____

6. Erkennungszeichen der UN?

_____

Die Bedeutung der Vereinten Nationen (UN)

Im Falle einer Friedensbedrohung oder eines Friedensbruches kann er für alle Mitglieder verbindliche Beschlüsse fassen. Er arbeitet auch die Abrüstungspläne aus und gibt der Vollversammlung Empfehlungen für die Aufnahme neuer UN-Mitglieder und für die Wahl des Generalsekretärs. In der Abrüstungskomission sind alle Mitglieder vertreten.
Er setzt sich aus 5 ständigen Mitgliedern zusammen, die alle Vetorecht haben. Ihnen stehen nichtständige Mitglieder z. Seite. Zur Unterstützung ist ein ständiger Militärausschuß gebildet worden, in dem militärische Vertreter der 5 Hauptmitglieder ihren Sitz haben. Nur, wenn mindestens 7 Ja-Stimmen , darunter die der 5 ständigen Mitglieder vorliegen, können wichtigste Beschlüsse gefaßt werden.

Sie ist das Parlament der UN. alle Mitgliedsstaaten haben hier ihren sitz mit je 5 Vertretern und Stellvertretern. Jede Nation kann aber nur eine Stimme abgeben. Anfang September eines jeden Jahres findet in New York eine Tagung statt. Zu Beginn wird ein Lenkungsausschuß gebildet, dem der Präsident, 13 Vizepräsidenten und die 7 Vorsitzenden des Hauptkomitees angehören.

Er besteht aus 18 Mitgliedern, die von der Vollversammlung gewählt werden. Jährlich werden 6 Mitglieder neu gewählt. Die Vertreter der Großmächte sind ständige Mitglieder. Der Vorsitzende wird auf ein Jahr gewählt. In New York und Genf findet in jedem Jahr eine Ratstagung statt. 8 Fach- und 4 Regionalkommissionen für Europa, Asien, Lateinamerika und Afrika teilen sich die Arbeit.
Eine Reihe von Spezialkörperschaften sind diesem UN-Organ dirket angeschlossen. Es handelt sich um das Kinderhilfswerk (UNICEF), um das Amt des Hochkommissars für Flüchtlinge, um das Amt für technische Hilfe, um die Rauschgiftüberwachungsbehörde, um den Koordinations-Verwaltungsausschuß und um einen Ausschuß für internationale Rohstoff-Abkommen.

In Den Haag werden von ihm Internationale Rechtsstreitigkeiten geschlichtet. Die Verhandlungen werden von 15 Richtern geleitet, die alle aus einem anderen Land stammen und auf 9 Jahre von der Vollversammlung und dem Sicherheitsrat der UNO gewählt wurden.

Er ist das Aufsichtsorgan für die der UN unterstellten Treuhandgebiete, z.B. das ehemalige Deutsch-Südwestafrika oder Teile Neuguineas. Neben den Staaten, die im Auftrage der UN diese Gebiete verwalten, gehören ihm noch ebenso viele Mitglieder anderer Staaten an. Seit Bestehen der UN erhielten viele Treuhandgebiete bereits ihre Unabhängigkeit.

Es ist die oberste Verwaltung der UN. Sein Leiter, der Generalsekretär, wird auf Vorschlag des Sicherheitsrates von der Vollversammlung für 5 Jahre gewählt. Er soll keinem der großen Machtblöcke angehören und vertritt die Organisation gegenüber allen Staaten. Sein Auftreten in der Öffentlichkeit trägt viel zum Ansehen der Vereinten Nationen bei.
Neben dem Generalsekretär stehen 6 Untersekretäre folgenden Fachgebieten vor: Politik und Angelegenheiten des Sicherheitsrates, Wirtschafts- und Sozialfragen, Treuhandschaft, öffentliche Informationen, Konferenzdienst und allgemeine Angelegenheiten. Unter ihrer Leitung arbeiten etwa 4000 überstaatliche Beamte in den Amtsgebäuden der UN.

Butros Butros Ghali, Ägypten

weniger als 150 Mitglieder

genau 150 Mitglieder

Deutsche Demokr. Republik

Österreich

Völkerbund

Javier Perez de Cuellar, Peru

mehr als 150 Mitglieder

Bundesrepublik Deutschland

Santa Lucia, Karibik

„Zusammenarbeit der Völker" (Bedeutung der Vereinten Nationen)

1. Nach dem 1. Weltkrieg wurde auf Initiative des damaligen amerikanischen Präsidenten Wilson der Völkerbund gegründet.

Ähnlich dem Völkerbund wurde nach dem 2. Weltkrieg die UNO (United Nations Organisation) oder UN „United Nations" (Vereinigte Nationen) gegründet. Der amerikanische Präsident F.D. Roosevelt prägte diesen Namen.

Am 26. Juni 1945 unterzeichneten 51 Staaten die Gründungsakte der weltumspannenden UN.

2. Charta der UN: Präambel (Auszug):

Wir, die Völker der Vereinten Nationen - fest entschlossen, künftige Geschlechter vor der Geißel des Krieges zu bewahren, die zweimal zu unseren Lebzeiten unsagbares Leid über die Menschheit gebracht hat, unseren Glauben an die Grundrechte des Menschen, an Würde und Wert der menschlichen Persönlichkeit, an die Gleichberechtigung von Mann und Frau sowie von allen Nationen, ob groß oder klein, erneut zu bekräftigen.

Bedingungen zu schaffen, unter denen Gerechtigkeit und die Achtung vor den Verpflichtungen aus Ver trägen und anderen Quellen des Völkerrechts gewahrt werden können.

den sozialen Fortschritt und einen besseren Lebensstandard in größerer Freiheit zu fördern.

3. Aufbau der UN:

Generalversammlung

Zentrales politisches Beratungsorgan. Jährlich einmal im Herbst treten alle Mitglieder (je 1 Stimme) zur Generalversammlung zusammen.

Sicherheitsrat:

Er besteht aus 5 ständigen Mitgliedern (China, Frankreich, Großbritannien, UdSSR, USA) und 10 nichtständigen, auf je 2 Jahre gewählte Mitglieder. Insgesamt also 15 Mitgliedsstaaten.

Hauptverantwortlich für die Wahrung des Weltfriedens und für internationale Sicherheit.

Alle wichtigen Beschlüsse bedürfen der Zustimmung von 9 Mitgliedern, darunter müssen die 5 ständigen Mitglieder sein. Ist nur einer der 5 ständigen Mitglieder gegen einen Beschluß, wird dieser nicht gültig (= Veto-Recht).

Wirtschafts- und Sozialrat:

Beschäftigung mit wirtschaftlichen, sozialen und Entwicklungs-Fragen.

Treuhandrat:

Entwicklungsförderung von Treuhandgebieten, so daß diese unabhängig werden und sich selbst regieren können.

Internationaler Gerichtshof:

Auslegung von internationalen Verträgen und Weiterentwicklung des intern. Völkerrechts.

Generalsekretär (seit 1992 Butros Butros Ghali, Ägypten)

mit *Sekretariat* (Hauptverwaltungsorgan).

4. Auswahlantworten zu Punkt 5 des Arbeitsblattes:

z.B. zwischen Indien und Pakistan, auf Zypern, im Nahen Osten
entsprechende Verträge wurden von der UN eingeleitet und werden von ihr weiter verfolgt
Die Menschenrechte wurden in viele nationale Verfassungen übernommen
Austausch von Meinungen ⇨ Mittel der Annäherung und Entspannung
durch 13 Unterorganisationen der UN

5. Grenzen und Probleme der UN:

Trotz ihrer Bemühungen konnte die UN:

- das Wettrüsten der Ost-West-Machtblöcke, die Waffenlieferungen an Länder der 3. Welt, den Vietnam-Krieg (1964 -75) und den sowjetischen Einmarsch in Afghanistan nicht verhindern.
- Für die UN ist es schwierig, Interessengegensätze zwischen Staaten mit voller Souveränitat zu überbrücken.
- Mit ihren geringen materiellen Machtmitteln scheitert die UN oft am Widerspruch wenigstens einer Großmacht (Veto-Recht); außerdem leidet die UN an einer chronischen Finanzkrise.

6. Am 18. September 1973 nahmen die Vereinten Nationen die DDR und die Bundesrepublik Deutschland als 133. und 134. Mitglied in die UN auf. Die Bundesrepublik Deutschland betonte dabei ausdrücklich, daß damit keine völkerrechtliche Anerkennung der Teilung Deutschlands verbunden sei.

7. Als 152. Staat wurde die Inselrepublik Santa Lucia, Karibik, in die UN augenommen.

8. Weitere Möglichkeiten der Internationalen Zusammenarbeit:

- bei Olympischen Spielen
- Bekämpfung von Seuchen und Krankheiten
- bei Warenein- und ausfuhren, Zollmaßnahmen ...
- Austausch von Schülern und Studenten
- Verwirklichung von Freiheit und Gleichheit aller Menschen
- Reinerhaltung von Luft, Gewässer und Landschaft
- Durchführung von großen Projekten (Staudämme, Brücken ...)
- Streit zwischen Religionen

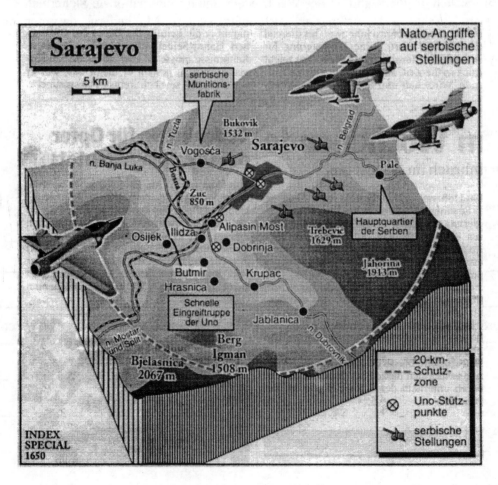

Die Schnelle Eingreiftruppe

12000 Mann sollen die Uno-Blauhelme schützen

Die Schnelle Eingreiftruppe von Vereinten Nationen (Uno) und Nato im früheren Jugoslawien (Rapid Reaction Force, RRF) soll die Uno-Blauhelmsoldaten schützen und Hilfskonvois begleiten. Sie hat eine Stärke von etwas mehr als 12000 Soldaten, 6000 Franzosen, 5800 Briten, 170 Niederländer und 40 Neuseeländer. Laut Uno-Auftrag ist sie „integraler Teil der Uno-Truppe" und soll sich an friedenssichernden, nicht aber an friedensschaffenden Aktionen beteiligen.

Die Schnelle Eingreiftruppe geht auf eine Initiative von Anfang Juni zurück, nachdem im Mai 400 Blauhelme von bosnischen Serben als Geiseln genommen worden waren. Laut Uno darf die Truppe nur in Einzelfällen Konvois in die Schutzzonen begleiten, jedoch keinen Dauerkorridor freikämpfen. Gegliedert ist sie in drei Einheiten: Die Multinatio-

nale Brigade, bestehend aus der Task Force Alpha (TFA) und der Task Force Bravo (TFB), umfaßt 4000 Soldaten. 800 von ihnen sind am Berg Igman stationiert, die übrigen in Tmislavgrad in Südbosnien. Die zweite Einheit, 4000 Soldaten der 24. britischen Luftlandebrigade, wartet in der südkroatischen Hafenstadt Ploce auf die Erlaubnis der kroatischen Behörden zur Durchfahrt in ihr Einsatzgebiet. Schließlich halten sich 4000 Soldaten als Reservebrigade in Frankreich bereit. Zur Unterstützung hat die Bundeswehr 14 Tornados in Italien stationiert und ein Lazarett in Split/ Kroatien eingerichtet.

An der Spitze der Befehlskette steht der Jugoslawien-Beauftragte der Uno, Akashi, gefolgt vom Oberkommandierenden aller Uno-Truppen im ehemaligen Jugoslawien, dem französischen General Janvier.

dpa

Sarajevo/Zagreb/Brüssel (dpa/ap).
Die Nato-Luftwaffe hat am Mittwoch in der größten Militäraktion ihrer Geschichte einen massiven Luftschlag gegen die bosnischen Serben geführt. Zusammen mit der Artillerie der Schnellen Eingreiftruppe bombardierten mehr als 60 Nato-Flugzeuge seit 2 Uhr morgens fast ohne Unterbrechung den ganzen Tag über bosnisch-serbische Militärstellungen. Am Abend bestätigte Paris, daß ein französisches Kampfflugzeug abgeschossen wurde und zwei Piloten vermißt werden.

„Der einzige Feind ist der Krieg an sich"

Die Erklärung von Uno-Generalsekretär Butros Ghali zu den Nato-Luftangriffen:

„Nachdem die Vereinten Nationen festgestellt haben, daß der tödliche Angriff auf das Stadtzentrum von Sarajevo am Montag von Stellungen der bosnischen Serben ausging, haben sie die Nato gestern dazu ermächtigt, Luftangriffe auf militärische Stellungen der bosnischen Serben zu fliegen. Ziel dieses Vorgehens ist es, (...) von weiteren Angriffen auf Sarajevo und andere Uno-Schutzzonen abzuschrekken. (...) Es ist äußerst wichtig zu verdeutlichen, daß sich am Ziel der Uno in Bosnien nichts geändert hat – zur Linderung des Leids der zivilen Opfer beizutragen und den Weg für eine Verhandlungslösung zu bereiten. Der einzige Feind der Vereinten Nationen ist der Krieg an sich. Der Generalsekretär fordert die Beteiligten dazu auf, (...) endgültige Verhandlungen aufzunehmen. Es ist an der Zeit, dem Blutvergießen ein Ende zu setzen."

ap

Mehr als 60 Nato-Kampfbomber – unser Archivbild zeigt eine amerikanische F16 – waren gegen serbische Stellungen vor allem in der Region Sarajevo (Karte unten) im Einsatz.
Bild: dpa

GESCHICHTE

Name | Klasse | Datum | Nr.

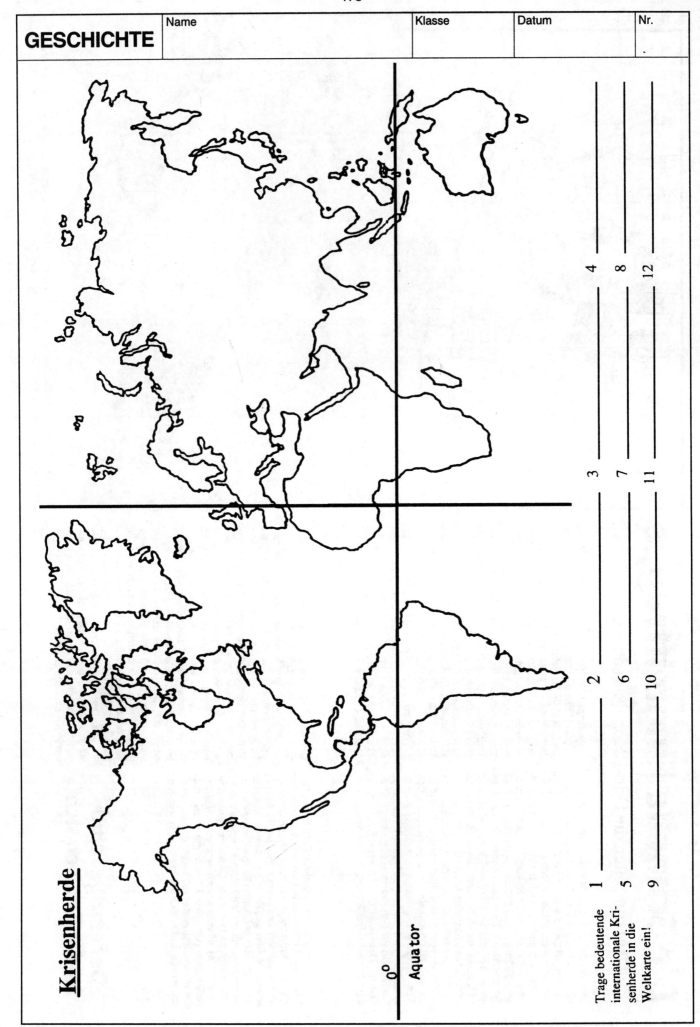

Krisenherde

0°

Äquator

Trage bedeutende
internationale Kri-
senherde in die
Weltkarte ein!

1 _____   2 _____   3 _____   4 _____
5 _____   6 _____   7 _____   8 _____
9 _____   10 _____   11 _____   12 _____